现代农民高素质提升读本

主 编 刘 军 杨海燕 陈二龙

天津出版传媒集团

天津科学技术出版社

图书在版编目（CIP）数据

现代农民高素质提升读本 / 刘军，杨海燕，陈二龙
主编. — 天津：天津科学技术出版社，2020.3
　　ISBN 978-7-5576-7251-5

　　Ⅰ. ①现… Ⅱ. ①刘… ②杨… ③陈… Ⅲ. ①农民－
素质教育－中国 Ⅳ. ①D422. 6

中国版本图书馆 CIP 数据核字（2019）第 267502 号

现代农民高素质提升读本
XIANDAI NONGMIN GAOSUZHI TISHENG DUBEN
责任编辑：韩　瑞
责任印制：兰　毅

出　　　版：	天 津 出 版 传 媒 集 团
	天津科学技术出版社
地　　　址：	天津市西康路 35 号
邮　　　编：	300051
电　　　话：	(022) 23332390
网　　　址：	www. tjkjcbs. com. cn
发　　　行：	新华书店经销
印　　　刷：	三河市悦鑫印务有限公司

开本 850×1168　1/32　印张 7. 5　字数 200 000
2020 年 3 月第 1 版第 1 次印刷
定价：35. 00 元

《现代农民高素质提升读本》

编委会

前　言

　　新型农民是推进乡村振兴的主力军，健康的人力资源与农村经济发展密切相关，是乡村振兴发展的力量源泉。新型农民素养的提升对经济、社会、文化、生态等能够产生重要影响，是推动乡村振兴的重要环节。

　　本书围绕农民素养提升可能遇到的问题，介绍了新型农民基本素养、善于学习、懂经营、提高创新、创业素养、争做农村致富带头人、健全心理素质、提升农民道德风范、提升政治素养、增强民主法制意识、强化责任意识等内容。

　　由于编者水平所限，加之时间仓促，书中不尽如人意之处在所难免，恳切希望广大读者和同行不吝指正。

编　者

目　　录

第一章　新型农民基本素养

第一节　基本意识

一、要有强烈的创业意识

创业意识包括创业的动机、兴趣、理想、信念和世界观等要素。创业意识集中表现了创业素质中的社会性质，支配着创业者对创业活动的态度和行为，并规定着态度和行为的方向、力度，具有较强的选择性和能动性，是创业素质的重要组成部分，是人们从事创业活动的强大内驱动力。要想取得创业的成功，创业者必须具备自我实现、追求成功的强烈的创业意识。强烈的创业意识能帮助创业者克服创业道路上的各种艰难险阻，将创业目标作为自己的人生奋斗目标。创业的成功是思想上长期准备的结果，事业的成功总是属于有思想准备的人，也属于有创业意识的人。

二、要有全面的创业能力

创业能力是指工资形式就业以外的"自我谋职"能力，这种能力与市场行为相结合就是小型企业的建立，或者说是指一种能够顺利实现创业目标的特殊能力。创业能力的形成与发展始终与创业实践和社会实践紧密相连。创业能力是一种以智力为核心的具有较高综合性的能力，是一种具有突出的创造特性的能力。创业能力包括专业技术能力、经营管理和社交沟通能力、分析和解决实际问题的能力、信息接收和处理能力、把握机会和创造机会的能力等方面。

（一）细节关

新型农民在规划创业愿景时，不要去捕捉一些概念，要去分析核心市场的那些核心细节，小中见大。成功的新型农民的灵感往往来自一些被忽略的细节，一些蛛丝马迹可能隐藏着无限商机。这需要有足够的洞察力。

（二）抉择关

择与谁同行很重要。选错了老板、团队或农业项目，你再努力也不一定有显著成效。

未来成功与否，取决于团队的执行力。

到底怎么来判断一个团队？在组队的时候，你愿意组一群很容易被说服和崇拜你的人做创业团队，还是尽可能组一群比你还要优秀的人做创业团队？雷军选择团队时，出发点是建立一个不一样的创业公司，于是，他把股权大量分散出去，因为他需要足够多的、足够优秀的人。小米公司前十个月只干一件事：找人。

很多新型农民搞不定那些优秀的人，是的，搞定优秀的人不容易，但不是说就没有办法了。第一，要看清自己，不卑不亢。当你对自己非常诚实的时候，你会发现身边的人都会向你聚拢，因为他们认为你是值得信赖的。第二，聆听是很重要的素质和能力，用真诚去感染团队，你将发现，对于一些优秀的团队，最好的管理是不管理。不管理的意思是让他们变成自我驱动的团队，每个人都能很好地管理自己。第三，做农业最重要的一点是做产品，而不是简单地做生意。不要只做量而忽视了农产品的口碑价值。一些地标性农产品经久不衰，是历史检验出来的，没必要在河北再创造一个河南温县铁棍山药基地，但有必要创造无数个优质农产品基地。靠谁完成这个使命？要靠一个对社会、对大众、对企业负责任的团队！这才是新型农民要组建的优秀团队。

（三）专业技术能力

专业技术能力是创业者掌握和运用专业知识进行专业生产的能力。专业技术能力的形成具有很强的实践性。许多专业知识和专业技巧要在实践中摸索，逐步提高、发展、完善。创业者要重视在创业过程中积累专业技术方面的经验和职业技能的训练，对于书本上介绍过的知识和经验在加深理解的基础上予以提高、拓宽；对于书本上没有介绍过的知识和经验要探索，在探索的过程中要详细记录、认真分析，进行总结、归纳，上升为理论，形成自己的经验特色并积累起来。只有这样，专业技术能力才会不断提高。

（四）交往协调能力

交往协调能力是指能够妥善地处理与公众（政府部门、新闻媒体、客户等）之间的关系，以及能够协调下属部门成员之间关系的能力。创业者应该做到妥当地处理与外界的关系，要争取审批部门、工商以及税务部门的支持与理解，同时要善于团结一切可以团结的人，团结一切可以团结的力量，求同存异、共同协调地发展，做到不失原则、灵活有度，善于巧妙地将原则性和灵活性结合起来。总之，创业者搞好内外团结，处理好人际关系，才能建立一个有利于自己创业的和谐环境，为成功创业打好基础。

协调交往能力在书本上是学不到的，它实际上是一种社会实践能力，需要在实践活动中学习，不断积累、总结经验。这种能力的形成应注意以下几点。一是要敢于与不熟悉的人和事打交道，敢于冒险和接受挑战，敢于承担责任和压力，对自己的决定和想法要充满信心、充满希望。二是养成观察与思考的习惯。社会上存在着许多复杂的人和事，在复杂的人和事面前要多观察多思考，观察的过程实质上是调查的过程，是获取信息的过程，是掌握第一手材料的过程，观察得越仔细，掌握的信息就越准确。观察是为思考做准备，观察之后必须进行思考，做到三思而后行。三是处理好各种关系。可以说，社会活动是靠各种关系来维持的，处理好关系要善于应酬。应酬是职业上的"道具"，是处事、待人、接物的具体表现。心理学家称：应酬的最高境界是在和谐的气氛里把意愿表达出来，使别人产生共鸣，接受自己的观点。

三、创业中的谈判能力

在创业过程中，创业者要进行一系列的谈判。谈判的结果决定了创业的条件、支付的价格、支付的方法等，与创业的成败有着密切的关系。

（一）创业谈判的特点

农民创业谈判是个人或小团体创建的企业处于萌芽阶段进行的，这就决定了农民创业谈判的特点。

1. 谈判者有最终决定权

创业谈判只能由创业者本人完成，此时，创业者已经进入独立工作的阶段，开始运用自有或筹集来的资金，承担决策的风险。在创业谈判中，创业者要及时回答对方提出的问题，回答不能有重大失误，这就要求创业者慎重对待每一次谈判。虽然创业阶段事务繁忙，但在谈判前要静下心来，仔细思考，认真调查，制定预案。在谈判中，万一遇到难于解决的问题，可以要求对方让自己再考虑考虑，千万不要急于做出决策。

2. 谈判对象的经验往往比创业者丰富

俗话说，"买的没有卖的精"。之所以有这一现象是因为，作为卖家，不但掌握着全部信息，而且天天在市场上销售商品，已经积累了丰富的经验，有过千百次的锻炼；而买家，即使天天购买某一商品，其经验也远远不可能与卖家比。卖家的"精"是来自于经验的积累。以此来看创业者的谈判，在创业谈判中，创业者处于不精的买家地位，多数农民创业者在过去的工作、学习和生活中，握有最终决策权的谈判机会很少，不可能积累丰富的经验，但在其创业中，又不得不亲自与有着丰富经验的对手谈判，这必然使创业者处于不利的地位。创业者要看到自身的不足，尽快掌握谈判的技巧和要点，必要时，在重要的谈判中还可以请帮手，利用已有的社会资源，弥补经验上的不足，避免谈判不利对创业造成的损失。

3. 一般处于弱势的位置

从理论上讲，谈判双方无论企业大小，地位是平等的，不应该有强势、弱势的差别。但事实上，市场上是讲究实力的。在市场上打拼多年的人都知道"店大欺客，客大欺店"的现象。如果你的购买量很少，你的实力很小，在谈判中就会处于不利的地位。由于交易额少不会得到对方的重视，有时见到对方的负责人都很困难，讨价还价的余地也很小，在谈判中获得有利条件比实力雄厚的大企业要难得多。但事物都有两面性，如果用好弱势地位，也有可能以此争取更有利的条件。创业者对于这一点要有清楚的认识。要通过自身的努力利用这一地位争取更为有利的谈判结果，在谈判中，不要过分计较对方的态度，也不要自卑，特别是不能意气用事。

（二）影响创业谈判能力的相关因素

提高创业谈判能力可以为创业争取更好的条件，用较少的钱办成较多的事，同时也有可能赢得对方的尊重，为今后的发展创造更好的条件。从大量的谈判案例中可以看到，农民创业者要提高谈判能力可以从这八个方面着手。

1. 需求

需求与谈判能力成反比，即，需求越强，在谈判中的能力越弱。如在房屋租赁的谈判中，如果创业者一方迫切地需要租用某一房屋，而出租方既可以自用，也可以闲置，并不急于出租，此时谈判的能力将偏向于出租方。反过来说，如果出租方的房屋闲置多年，同时又急需用钱，迫切希望将房屋出租，但等了很长时间也没有人来谈，而创业者可以租用此房，也有其他选择时，谈判能力将偏向于创业者。有经验的谈判人不会暴露自己的需求，用一颗平常心会提高谈判能力。

2. 选择

创业者在相关谈判中，如果一切还没有最终确定，还有较大的调整余地，就有一定的选择权，这是提高自己谈判能力的重要条件。如果能够充分利用市场上商家的竞争，即使是经验不丰富的谈判者也可以取得有利的地位。反之，如果一切都已经确定，选择的余地很小，或者根本没有选择，就会在谈判中陷入被动。在市场上争取更多选择的机会，并明示或暗示于谈判对象，可以提高谈判的能力。

3. 时间

这里的时间指两个方面，一是指用于谈判的时间，如果创业者工作繁忙，时间紧迫，只能在百忙之中抽出一点时间谈判，不能为谈判做好充分的准备，必将降低创业者的谈判能力。另外，如果在创业计划中已经排出了时间表，谈判的最后期限已经确定而且不好改变时，在谈判中要取得有利的条件和主动权将非常困难。反之，如果对方时间非常紧张，有一个最后的时间表，创业者则有可能得到有利的地位。

4. 关系

市场上，所有企业都有一定数量的关系户，这些关系户长期使用或销售企业的产品，或向企业提供原材料等，成为企业生存的基本支持，与企业有明显的依存关系。在谈判中，如果对方能够认可创业者有可能在未来为自身带来长远利益，成为合作伙伴，则会在谈判中给予一定的优惠，在一定程度上提高谈判力。反之，对方认为商谈的只是一次性买卖，不可能有长期的合作关系，为确保自己的利益，能够给予的优惠条件就非常有限。

5. 投入

在谈判中，双方投入的多少对谈判能力也会产生一定的影响。如，为了采购一台设备，几个创业者跑了几百千米，已经用了两天，吃住和路费已经花了 800 多元，在洽谈购买设备的价格时，创业者会考虑到，如果让对方再降 1 000 元，谈判可能没有最终结果，此后再去一个地方谈，还要花费 400 元。这时，很可能不再去冒风险要求对方降价，已经使自身处于不利的地位。反之，如果是对方花费了大量的精力，来到我方所在地，则对方处于相对不利的地位。在谈判中，前期投入多的一方往往会处于更加不利的地位。

6. 信誉

商品和人品的信誉也是谈判中的有利条件。有些商品已经在市场上获得了良好的口碑，有品牌优势，在谈判中就能够占据有利的位置。有些人在当地有良好的信誉，在谈判中也会处于有利的地位。而创业者初涉市场，不可能在商品和服务上有良好的口碑，利用这一点取得有利的地位很难。但注意从进入市场开始就建立商品和人品的信誉，能够为今后企业的发展打下基础。

7. 信息

掌握广泛的信息无疑是谈判中重要的筹码之一。如果你充分了解对方的问题和需求，甚至能够掌握谈判方的个人信息，无疑增强了谈判力。反之，如果对方拥有更多的相关信息，对我方有充分的了解，对方就有较强的谈判力。由于创业谈判中涉及的问题既多又杂，创业者在信息这方面很难有优势，但要尽可能地收集最必要的信息，以增加自身在谈判中的筹码。同时，在谈判中还要向有关专家咨询。如果在谈判中对方看到了创业者带来了业内专家，或从交谈中了解到创业者已经掌握了行业内的基本信息，就会提高创业者的谈判能力。

8. 技巧

谈判技巧包含很多内容。谈判中既要察言观色，又要有逻辑思维和口才，还要有一定的分析判断能力等等。谈判技巧一部分来源于个人的天资，但主要来源于创业者的学习及对商务活动中经验的积累和总结。从调查来看，有些年轻的创业者虽然进入市场的时间不长，但由于善于总结经验，注重学习和培训，有较高的谈判技巧，而有些人虽然有较长时间的经商历史，但不注重学习和总结，谈判的能力并不强。

（三）创业谈判的注意事项

由于创业者缺乏经验，又在谈判中承担着最终决策者的职责，而谈判中的任何结果都会对创业带来一定的影响，所以，在创业谈判中要特别注意以下问题。

1. 谈判前尽可能全面地收集信息

从前面的案例可见，谈判中对信息的掌握是非常重要的筹码。谈判前需要掌握的信息很多，主要有四个方面：一是谈判企业的信息，包括企业的性质、企业的历史、当前的业务状况、企业提供的商品和服务在市场上的口碑，谁拥有企业的最终决策权，该企业在谈判中惯常的做法等；二是可替代产品或服务的信息，包括相关企业的信息，这些企业提供商品或服务的性价比，与谈判方提供商品或服务的比较等；三是谈判内容涉及的有关信息，包括历史上该商品或服务的价格、技术性能指标、市场行情、影响行情的因素变化等；四是在有可能的条件下，掌握谈判方个人的信息，如其历史、爱好、兴趣、主要社会关系等。了解以上信息，可以在谈判中创造更加有利的条件。

2. 事先制定谈判的预案

在重大谈判前，创业者对谈判的可能结果要有设想，要确定自己的谈判条件。要设想如果对方不能满足自己的要求时可以做哪些让步及怎样让步。如果对方不让步，还可以有哪些相应的条件和措施。如果对方提出我方意外的条件和要求时需要怎么办。在谈判涉及的内容较多时，还可以做几个预案。在多人参与谈判时，谈判前要商议预案的内容，对谈判进行分工。在准备工作完成时，创业者感到分工和谈判的内容已经明确时才可以前去谈判。没有充分的准备，在谈判现场临时决定，以及没有明确分工和谈判的方案就以小组的形式前去谈判，特别容易在谈判中陷入被动。

3. 不要急于报价

对于涉及金额较大的谈判，同时又对行情了解不够的条件下，一般不要急于报价。有些商品和服务的价格弹性较大，从不同的角度衡量，以不同的方法计算会有不同的结果。如，2001 年我国河南的几个农民利用 3 年时间，投入近 30 万元发明了一种机器，发明者拥有全部知识产权，拥有几项专利。起初，发明的机器仅用于企业对外加工。后来马来西亚的一家企业找上门来表示希望购买这一机器回国使用，让这些农民报价。农民们根据成本加成法，考虑了机器生产的成本加 100% 的利润，报出了 18 万元的价格。谈判时对方非常爽快地同意了这一价格。在机器运走前，马来西亚商人透露，考虑到这一机器是全新的发明，他们原准备以 120 万元购买，而谈判的结果让他们捡了个大便宜。这几个农民知道后后悔不已，几天没有睡好觉。

4. 不要贪小便宜

以微小的让步促使谈判成功，从而确保自身的更大利益是谈判最常用的策略之一。对于没有经验的谈判者，如果被对方的小让步吸引，会有较大的损失。创业者一方面缺乏经验，容易为对方的小让步迷惑；另一方面在谈判中又处于弱势，有时会感到对方的让步来之不易，而忽视对大局的把握。

5. 要考虑长远利益与关系

商业活动需要大量的合作伙伴，与创业者谈判的并非竞争对手，多数是合作伙伴或潜在的合作伙伴。在谈判中，一方面要为自己争利益，另一方面也要注意不损害对方的利益。既不要使用欺骗手法，也不要乘人之危，而要使谈判的结果实现双赢。在谈判中要记住，做生意的另一面是做朋友，只有在商场上有了足够数量的合作伙伴，企业才有可能立于不败之地。在谈判结束时，无论该谈判是否成功，也要为以后可能的合作留下余地，使每一次谈判都扩大自己的合作圈。

6. 谈判条件要留有余地

在创业谈判中，有些条款是刚性的，是创业者的底线，超过这一底线就不能再谈了。但既然是谈判，就需要有可商议的条款，要有弹性的条件。如果只有一个条件，只能让对方在同意和不同意间选择，就失去了谈判的灵活性，这种谈判很难达成有利于双方的条款。在谈判前，要认真考虑相关的谈判条件，要有多种预案，要为对方留下一定的空间，谈判的态度要坚决，要保护自己的利益，同时谈判的方法要灵活，要让对方感到通过谈判可以为自己争取利益，愿意谈下去。

7. 要赢得对方的好感且自己要有正确的判断

在重大创业谈判中，很少有人一开始就进入主题，商议关键的条款。此时，双方的话题还未展开，对于对方也不了解，这时就谈关键问题容易使谈判陷入僵局。多数情况下，是先聊聊双方感兴趣的话题，平和心态，双方关系初步融洽时再开始谈判。谈判最忌盛气凌人，居高临下。如果对方对你没有好感，在谈判中很容易吃亏上当。我国著名收藏家马未都曾讲过这样一个故事：一次他们去古玩市场，其中，一个生意人不懂古玩，在市场上看中一个瓷碗，他用脚指着碗对蹲在那儿的卖碗人说："嘿，这玩意儿多少钱？"对方冷冷地看了看他："一万二。"经过一番讨价还价，最终这个生意人用 1 000 元买了一个只值 20 元的碗。此事说明，自己没有正确的判断报价且对方对你没有好感时，谈判的结果往往不利。

8. 思索要快，说话要慢

在谈判中，创业者所说的每一句话都会成为对方的条件，快人快语容易吃亏。谈判中切记，要想好了再说话，宁可少说话，不要说错话。谈判虽然有一定的时间用于聊天，但这种聊天与朋友间的聊天完全不同，不能将朋友间聊天的习惯用到谈判中。要慎重对待自己所说的每一句话，要对自己的话负责。在谈判中，思考一定要快，既要考虑对方的条件和话中的含义，又要察言观色，认识对方的真实意图，同时，还要斟酌自己的用词，使之正确表达己方的意图。

9. 要把握时机，善于决策

谈判中对于时机的把握有着重要的意义。当谈判的条款达到了我方的预计，可以接受时，要考虑是否立刻接受条件，结束谈判。因为此时如果再继续谈下去，有时条件反而会向不利于我方转变。另外，谈判的目的是为创业创造良好的条件，达到这一目的是最重要的。迟迟不做决定，有时会丧失可能得到的好时机。把握时机的关键是谈判前做好预案，根据预案设想决定谈判在什么条件下即可结束。没有事先的准备，仅凭借谈判时的判断，不容易把握好时机。

10. 从谈判的目的出发展示不同的自己

在谈判中以什么面貌出现也是值得注意的问题，仅仅以自己的日常面貌出现有时不利于创业。俗话说，到什么山唱什么歌，在谈判中要针对不同的对象，根据不同的目的，展示自己不同的方面。一般来说，在购物谈判中，不宜以有钱人的面貌出现。要让对方感到你购买这一物品力不从心，已经尽了最大努力时，有利于压低商品的价格。但在争取代理权、争取加工合同，争取贷款，争取外来投资以及在与进出口商等的谈判中，往往需要展示自己有实力的一面，这样才能得到对方的信任。在这种谈判中，不少新创业的企业虽然没有好车也要租一辆或借一辆去参加谈判。在谈判中还要穿上高档服装，戴一块好表。因为在此时，如果对方感到你没有实力，没有能力，就不愿意与你深谈，从而失去了发展业务的机会。

创业谈判既是一项技能，又是一门艺术，成为一个有能力的谈判人是不容易的。在创业谈判中需要注意的问题还很多，把握住基本要点，并进行一定的努力，才能保证创业的成功。

（四）谈判的进程

谈判首先是双方准备条件的过程，搞清楚当地的价格和需求，有谈判的底线和基本条件。其次是商讨条件和价格的阶段，条件和价格是紧密联系的，要压低价格，相应地需要一些条件，准备这些条件是谈判中的重要内容，谈判的结果与条件的准备有很大关系。最后是决策阶段，如果谈好条件不能决策，则谈判就没有结果。当条件基本满足创业要求时，还需要创业者下决心拍板，完成创业这一阶段的工作。另外，为节省谈判的时间，在谈判前还要与对方预约，双方都有思想上和条件上的准备，谈判时，最好按预约的时间到，一方面不要引起对方的反感，另一方面，也保证能够使谈判准时进行。

四、新型农民的"圈子"

新型农民要学会优化自己的圈子，要有农业专家的圈子，要有农产品经销商的圈子，要有新媒体的圈子，要有农业主管部门的人脉圈子……因为圈子决定你的格局，圈子决定你的未来，圈子决定你的命运和位置。

与热爱学习的人在一起，会增长知识；与心胸宽广的人在一起，会放大格局；与富人在一起，会点燃创业激情；与哲人在一起，会增长智慧；与勇敢的人在一起，会越来越坚强；与有远大梦想的人在一起，会有远见和希望；与有目标的人在一起，会越来越珍惜时间；与有责任感和使命感的人在一起，会越来越有爱心和人格魅力。

诚信是交朋友的第一原则，一个人一旦背上不守诺言、背信弃义的名声，也就意味着他在这个圈子里声名狼藉的日子已经到了。

要成为圈子里受欢迎的人，要学会倾听。不要总是自己一个人夸夸其谈，滔滔不绝，要学会先请别人发言，倾听对方的意见。学会倾听远远比大多数人想象中的要困难，因为这需要虚心和良好的修养。不管你能力有多强，如果你不能弄清楚圈子中其他人的想法，你就不能成为一个有影响力的人。

分享是快速扩大人脉圈子的方式，你分享得越多，得到的人脉就越多。萧伯纳有句名言："如果你有一个苹果，我有一个苹果，彼此交换，我们每个人仍然只有一个苹果；如果你有一种思想，我有一种思想，彼此交换，我们每个人就有了两种思想，甚至多于两种思想。"

记住，离人太远，你会孤单；离人太近，你会失去底线。

五、学习知识和技术，提升管理和经营能力

学习农业新知识。主要学习农业发展新模式、农业产业新政策、环境与资源保护新动态、农业新理念、农业与其他产业的关联等。

学习农业新技术。新型农民通常是某个农业领域的执行人，专业性强，养鸡场的新型农民要懂养鸡技术，玉米农场的新型农民要懂一些玉米生产技术，渔业新型农民要懂一些养鱼技术。

提升管理能力。新型农民是一个农业实体的领导人，管理一个农场或牧场或渔场方法是不一样的；管理一个机耕队或一

个植保合作社方法也是不一样的，所从事的农业项目不同，团队人员性格不同，管理方法也是不同的。提升管理能力需要硬功夫。

提升经营能力。新型农民必须会经营，市场如何开发，产品如何定价，业务怎样开展，如何做规模，如何产供销一条龙，如何社会化服务……都需要积累经验和向同行借鉴。

学习提升的途径有书籍、报纸、杂志、互联网、专业人士、专业培训班、同行交流、参观访问、实地考察等。

六、农业品牌意识

（一）品牌定义

农产品品牌是附着在农产品上的某些独特的标记符号，代表了品牌拥有者与消费者之间的关系性契约，向消费者传达农产品信息集合和承诺。广义农产品品牌由质量标志、种质标志、集体标志和狭义品牌构成。狭义农产品品牌是指农业生产者申请注册的产品、服务标志。而商标指的是符号性的识别标记。品牌所涵盖的领域，必须包括商誉、产品、企业文化以及整体营运的管理，品牌不单包括"名称""徽标"，还扩及系列的平面视觉识别系统，甚至立体视觉识别系统，它不是单薄的象征，而是一个企业竞争力的总和。品牌最持久的含义和实质是其价值、文化和个性；品牌是企业长期努力经营的结果，代表企业的无形资产。品牌由农产品生产经营企业创立，依靠知识产权保护和市场化运作发生作用，在国内外农产品市场上逐渐成为竞争的主旋律。为了在国内外市场上提升农产品的竞争力，实施农产品品牌战略是现代农业发展的必然选择。

品牌对消费者的价值主要体现为：品牌是存在于心目中的一种形象，这种形象来自对商品或服务的各种感知；品牌对生产者的价值，因为消费者的优先选择和持续选择，可以使生产者降低产品推介成本，增加利润，促进企业或农户永续发展；

品牌对于地方政府的价值则体现为地区名片，能够辐射带动区域发展和农村振兴，提升地区竞争力和国际化水平。

（二）品牌视觉识别系统设计的原则

（1）造型美观，构思新颖。这样的品牌不仅能够给人一种美的享受，而且能使顾客产生信任感。

（2）能表现出企业或产品特色。

（3）简单明显。品牌所使用的文字、图案、符号都不应该冗长、繁复，应力求简洁，给人以集中的印象。

（4）符合传统文化，为公众喜闻乐见。设计品牌名称和标志都特别注意各地区、各民族的风俗习惯、心理特征，尊重当地传统文化，切勿触犯禁忌，尤其是涉外商品的品牌设计更要注意。

（三）品牌建设

农产品是人类赖以生存的主要商品，也是质量隐蔽性很强的商品，需要利用品牌进行产品质量特征的集中表达和保护。农产品品牌战略是通过品牌实力的积累，塑造良好的品牌形象，从而建立顾客忠诚度，形成品牌优势，再通过品牌优势的维持与强化，最终实现创立农产品品牌与发展品牌。

1. 农产品品牌形成的基础

（1）品种不同。不同的农产品品种，其品质有很大差异，主要表现在营养、色泽、风味、香气、外观和口感上，这些直接影响消费者的需求偏好。品种间这种差异越大，就越容易使品种以品牌的形式进入市场并得到消费者认可。

（2）生产区域不同。"橘生淮南则为橘，生于淮北则为枳"，许多农产品即使种类相同，其产地不同也会形成不同特色，因为农产品的生产有最佳的区域。不同区域的地理环境、土质、温湿度、日照、土壤、气候、灌溉水质等条件的差异，都直接影响农产品品质的形成。

（3）生产方式不同。不同农产品的来源和生产方式也影响农产品的品质。野生动物和人工饲养的动物在品质、营养、口味等方面就有很大的差异；自然放养和圈养的品质差别也很大；灌溉、修剪、嫁接、生物激素等的应用，也会造成农产品品质的差异。采用有机农业方式生产的农产品品质比较好，而采用无机农业生产方式生产的农产品品质较差。

2. 农产品品牌建设

农产品品牌建设是一项系统工程，一般要注重以下几个方面。

（1）农产品品牌建设内容主要包括质量满意度、价格适中度、信誉联想度和产品知名度等。质量满意度主要包括质量标志、集体标志、外观形象和口感等要素。价格适中度主要包括定价适中度、调价适中度等。信誉联想度包括信用度、联想度、企业责任感、企业家形象等要素。产品知名度则体现为提及知名度、未提及知名度、市场占有率等。

（2）农产品品牌建设是一个长期、全方位努力的过程，一般包括规划、创立、培育和扩张四个环节。品牌规划主要是通过经营环境的分析，确定产品选择，明确目标市场和品牌定位，制定品牌建设目标。品牌创立主要包括品牌识别系统设计、品牌注册、品牌产品上市和品牌文化内涵的确定等。品牌培育主要内容包括质量满意度、价格适中度、信誉联想度和产品知名度的提升。品牌扩张包括品牌保护、品牌延伸、品牌连锁经营和品牌国际化等。

（四）注册商标是培育品牌最简便易行的做法

现代社会，商标信誉是吸引消费者的重要因素。随着农产品市场化程度的不断提高，农产品之间的竞争日益激烈，注册商标是农产品顺利走向市场的必经途径之一。

1. 商标是农产品的"身份证"

商标是识别某商品、服务或与其相关具体个人或企业的显著标志。商标经过注册，受法律保护。对于农产品来说，商标可以用于区别来源和品质，是农产品生产经营者参与竞争、开拓市场的重要工具，同时也承载了农业生产经营管理、员工素质、商业信誉等，体现了农产品的综合素质。商标还起着广告的作用，也是一种可以留传后世永续存在的重要无形资产，可以进行转让、继承，作为财产投资、抵押等。

2. 农产品商标注册程序

农业法第四十九条规定：国家保护植物新品种、农产品地理标志等知识产权。商标法第三条规定：经商标局核准注册的商标为注册商标，包括商品商标、服务商标和集体商标、证明商标；商标注册人享有商标专用权，受法律保护。商标如果不注册，使用人就没有专用权，就难以禁止他人使用。因此，在农产品上使用的商标要获得法律保护，应进行商标注册。

商标法规定：自然人、法人或者其他组织可以申请商标注册。因此，农村承包经营户、个体工商户均可以以自己的名义申请商标注册。申请注册的商标应当具有显著性，不得违反商标法的规定，并不得与他人在先的权利相冲突。

申请文件准备齐全后，即可送交申请人所在地的县级以上工商行政管理局，由其向国家工商行政管理总局商标局核转，也可委托商标代理机构办理商标注册申请手续。

3. 农产品注册商标权益保护

商标注册后，注册人享有专用权，他人未经许可不得使用，否则构成侵权，将受到法律的惩罚。商标侵权行为是指行为人未经商标所有人同意，擅自使用与注册商标相同或近似的标志，或者干涉、妨碍商标所有人使用注册商标、损害商标权人商标专用权的行为。侵权人通常需承担停止侵权的责任，明知或应知是侵权的行为人还要承担赔偿的责任。情节严重的，还要承担刑事责任。

　　判断是否构成商标侵权，不仅要比较相关商标在字形、读音、含义等构成要素上的近似性，还要考虑其近似是否达到足以造成市场混淆的程度。

　　当确认商标被侵权时，按照我国商标法的规定，商标注册人或者利害关系人可以向人民法院起诉，也可以请求工商行政管理部门处理。

第二节　工作技巧

一、通过聚焦，抓住机会进一步扩张

　　产品聚焦、市场聚焦、投入聚焦，是任何企业任何阶段成功的基本原则。这不是能力问题，这是消费者接受习惯和市场运作规律决定的。可是，多数新型农业主体，对这个原则和规律领会不够，丝瓜、西葫芦、番茄……什么都种，一下子生产和推销众多产品。结果，产品多而不精，企业散而不强。产品越多，企业越小；企业越小，推出的产品越多。看似琳琅满目，实则没有明星产品，没有市场主导力，一款产品一年下来销售只有几十万、上百万，根本谈不上品牌。

　　中鹤集团之所以了不起，是因为拥有数个卓越的产品。新乡市有个种丝瓜的合作社，建立了几千亩的丝瓜基地，全年只生产丝瓜，这就是战略性明星产品，合作社的命运主要由丝瓜产业决定。娃哈哈集团的营养快线，雀巢公司的速溶咖啡、奶粉、瓶装水，双汇集团的"王中王"火腿肠都是如此。

　　知名品牌的成功都是聚焦的成功，世界 500 强企业中，单项产品销售额占总销售额 95% 以上的 140 家，占 500 强总数的 28%；主导产品销售额占总销售额 70%～95% 的 194 家，占 38.8%；相关产品销售额占总销售 70% 的 146 家，占 29.2%；而无关联多元化的企业则是凤毛麟角。

可见，正确的做法是聚焦、聚焦、再聚焦，通过聚焦战略性明星产品、聚焦市场，建立地位、突破对手、收获利润和塑造品牌，之后才有机会进一步扩张。

二、做好现代农业的基地和品牌

中国农业的最大的问题体现在产前和产后，产前市场信息、政策导向、项目选择、成本核算；产后保鲜加工、市场营销。

中国农业局限在于风险大、脏累苦、没有市场地位、赚钱少的种养环节，在最赚钱的产业两端重视不够、投人不多、研发不足、方法不多、实践不深。

（一）基地

基地是产业的基础，是新型农业经营主体市场发力、品牌创建的基础。做现代农业不能只顾眼前，要有产业眼界，要夯实产业的基础——基地。

产业基础包括：①种养基地的整合、扩大和规范化、科学化管理。②产地产品、地理标志产品、绿色有机认证的申报；独家特色品种的申报、相关奖项的评选。③对省和国家顶级科研单位技术力量的整合借势。④对国家和地方政府相关政策、项目或者资金支持的争取。⑤对品牌和商标乱局的清理整治。

在基地建设、夯实产业基础的过程中，农业企业对产业资源的整合能力，对大规模生产的组织能力都将获得较大的提升。先做产业再做市场，是农业产业特有的发展规律。

（二）品牌

面对日趋激烈的市场竞争环境和消费需求的快速变化，很多生产经营者逐步认识到，不能只停留在产品质量和价格这个层面上，还必须从品牌上抓住消费者。农产品市场也是如此，谁拥有品牌谁就能占领更多的市场份额。不仅如此，品牌建设也是促进农业现代化和增加农民收入的重要手段。因此，加强农产品营销中的品牌建设，就成为摆在农业生产者面前的一个现实问题。

为了满足消费者对高品质农产品的需求，实现农民增收和农业增效，进行农产品品牌建设是大势所趋。提升农产品品牌建设水平，应着重从以下几方面入手。

1. 树立品牌意识，注重内涵建设

树立品牌意识是进行农产品品牌建设的先决条件，需要政府和农产品生产者共同努力。就政府而言，要充分意识到实施农产品品牌建设是一个系统工程，单靠广大农产品生产者的自主自发管理是不够的，必须依靠各级政府有关部门的扶持和帮助，让农产品品牌建设拥有强大的后盾。就农产品生产者而言，要实现由传统的农产品运销观向营销观的转变，增强品牌意识，充分意识到建立品牌是强化产品形象、提升产品档次、增强企业美誉度、建立稳定顾客群、提高市场竞争力、实现市场最大化、效益最优化的重要途径。

2. 加强质量管理，塑造品牌形象

质量管理是实施品牌建设的基础。推进农业标准化是提高农产品质量管理的有效途径，是加强品牌建设、塑造品牌良好形象的重要内容。

（1）大力推进农业标准化，突出抓好农业质量标准体系、农产品质量安全检测体系和农业标准推广体系的建设。即要以质量为中心、以市场为导向、以科技为动力、以生产为基础、以农产品的等级制度为重点，建立农产品生产、加工、贮藏、销售全过程及操作环境和安全控制等方面的标准体系，把农业生产的产前、产中、产后各个环节纳入标准化管理，开展全程质量控制，逐步形成与行业、国家、国际相配套的标准体系。要把农业示范园区建设与推进农业品牌化有机结合起来，通过推行产地标识管理、产品条形码制度，做到质量有标准、过程有规范、销售有标志、市场有监测，打牢农产品营销品牌的基础。要根据国际通行规则认证体系的要求，建立统一认证制度、统一认证机构、统一认证标准和认证程序，尽快解决多头认证问题。同时要加强技术设施建设，为出口农产品提供监测服务，保证对食品卫生安全的有效监控。

（2）推行"一品一牌"，发挥集聚效应和规模效应。"一品一牌"，就是在同一生态环境和生产地域内的同一农产品均使用同一品牌。一定地域范围内的某一优势产业，往往是当地经济的主导产业，涉及的土地面积大、农户数量多，有利于产业集聚，把品牌做强做大。同时，共同使用一个品牌，有利于集中政府财政的支持力量，增强规模效应，提高区域农产品的市场份额和市场竞争力。因为涉及管理控制和利益分配问题，要做到"一品一牌"，同样需要政府和农产品生产者的共同配合与努力。一方面由政府牵头，或成立农业专业合作组织，根据区域内农产品特色和品牌命名原则，由集体注册并管理品牌，同时为保证农业生产者的个性特色，允许加注个别品牌，使区域内某一类农产品既有统一品牌，又不失个性化的特色农产品品牌。

（3）依托科技创新，发展优质农产品。优化农产品品种、发展特色农业，是提高农产品品牌形象的重要基础。要想维护和提高某一农产品品牌形象，就要不断开发出质量更好、形象更佳的新品种，推出与众不同的特色产品、优质产品。这就需要农业生产者注重科技投入，与大专院校、科研院所联合协作，力求在设施栽培、工厂化养殖、保鲜保活、贮藏运输、设计包装等方面有新突破，提高农产品的品位和档次，赢得消费者青睐。要积极发展绿色农业，开发绿色、无公害农产品，坚持走绿色品牌发展之路。要根据各地资源优势和传统优势推出特色产品，增强品牌的市场吸引力，巩固品牌地位，要延长产业链条，加快发展农产品深加工业，提高农产品附加值，实现农民增收、农业增效。

3. 注重品牌推广，提升品牌影响力

农产品营销品牌建设的落脚点是让消费者认识品牌、接纳品牌、追逐品牌，提升品牌的市场影响力。这就要求农产品生产者一要积极注册品牌，舍得投入资金宣传品牌，提高农产品品牌的知名度和美誉度；二要优化农产品的包装，使产品包装向分级化、方便化、环保化、特色化发展，并与产品的优良品质相匹配，做到相得益彰，塑造品牌价值；三要善于利用电视、广播、报纸杂志等各种新闻媒介和展销会、研讨会、座谈会、博览会、商贸洽谈会等商贸活动进行品牌推广；四要积极探索农产品新的分销传播渠道，通过直销专卖、订单营销、网络营销、农产品展销会、观光农业等渠道，拓展农产品品牌空间。

4. 加大农产品专业市场建设力度

要增强市场服务功能，有条件的地方要积极推进名牌农产品专销柜、专业市场建设。

5. 加大支持力度，完善品牌建设环境

与工业品不同，农业作为弱势产业，需要高投入，承担高风险，单靠农产品生产者自身难以培养出品牌产品，这就需要政府的扶持和保护。

（1）做好农产品发展规划，把农产品品牌建设纳入当地经济发展规划，因地制宜确定政府重点扶持的龙头企业，挖掘农产品深加工的潜力，增强区域农产品品牌竞争力。

（2）尽快制定和完善保护品牌健康成长的法律法规，严厉打击假冒农产品品牌和虚假广告的违法行为，加强对农产品品牌的法律保护，营造公平竞争的市场环境。

（3）出台财政、金融、税收等方面的优惠政策，鼓励农业龙头企业、农民专业合作社、农业大户加大科研投入，加强农产品新品种的研究与推广。政府要设立农业科研专项基金，发展农业产学研联盟。

（4）通过报刊、书籍、广播、电视等传播工具向农民开展科普教育和传输市场观念、经营方法，充分利用各级农业技术推广部门、农业广播电视学校、农业职业学校、农民技术学校等教育培训机构，加强对农产品生产者的技术培训，为保证农产品品牌提供优质的质量保证。

（5）加强农产品品牌的评估与管理，建立科学合理的品牌评估体系，杜绝各部门、各行业自行滥评"名牌"现象，保障农产品营销品牌的良好形象。

三、灵活应用品牌、市场和互联网策略

（一）品牌策略

做品牌，是做现代农业的重要抓手，因为品牌是超越传统农业、开拓市场的利器，是企业积蓄与释放能量、实现可持续发展的源泉。

做品牌，要对品牌名称、品牌价值、品牌核心形象、品牌故事等大胆创新，缜密策划。这些无形的东西随着产品走向市场，在产品销售的过程中，无形变有形，市场声誉会聚集在品牌上，品牌变得强大起来，之后，品牌就会帮助产品开拓市场和稳固市场。在消费升级和同质化严重的农产品市场上，做品牌是必备的硬功夫。

（二）市场策略

一是做升级的市场。

在市场策略上，从品牌到渠道再到目标消费人群，都要向高走，低端市场不缺少产品。工商资本做现代农业的目的就是要升级农产品消费市场。

在现代农业中，对农产品进行加工和做自身品牌，就是提升产品的价值，提高与同类产品的差异，使企业具有更强的溢价能力。因此，所有的市场策略应放弃自然状态的市场，一定

要向上走，使产业升级、消费升级，在高溢价市场中赢利。

二是传统渠道要紧抓，新兴渠道要抓紧。

渠道本来是个常规性的工作，可是由于原来传统农业太过分散，产品的渠道既分散又单一，新晋农业的企业甚至根本没有渠道，与现代食品加工业和现代商业严重不匹配。因此，在市场策略上要高度重视渠道策略。传统渠道要紧抓，新兴渠道要抓紧。

传统渠道是指传统大流通及商超渠道，新兴渠道主要指电商渠道。传统渠道至今仍是农业和食品企业的依托，这个渠道要紧抓不放，不可或缺，这是新兴渠道所不能替代的。同时，对于新兴的电商渠道，包括利用平台电商开店，或者由垂直电商包销，不可忽视。电商代表未来发展趋势，具有低成本、大跨度的信息和物流传输，这是传统渠道无法比拟的优势。因此，这个战略机遇必须抓紧，必须抢占。新疆的干果类食品率先走出了遥远的新疆，电商起到了决定性的作用。完全从零做起的新晋农业企业，储运难度不大的农产品，可以首先开拓电商这种新兴渠道，绕过传统渠道开拓难、发展慢的山道，一举打开局面。褚橙、三只松鼠就是其中的经典例证。

（三）互联网思维策略

在（移动）互联网、大数据、云计算等科技发展的推动下，企业对市场、对用户、对产品、对企业价值链乃至对整个商业生态的认识和工作方法也必须发生改变。

互联网思维和传统思维最大的不同主要有两点：一是零距离，二是网络化。

零距离。在没有互联网之前，企业和用户之间是有距离的，信息是不对称的，企业是中心，营销就是企业对用户发布编制好的信息。用户，只是被动接受企业发布的信息，用户是上帝也只是说用户的选择多，但是还是被动接受。互联网时代不一样，互联网时代"我"是主动的，在设计阶段可能用户就参与进来了，像小米手机，用户参与进来后，带来了很多设计理念，才有了最终设计，新机型是用户说了算。

网络化。零距离是怎么来的呢，这就是网络化。网络化说到底就是没有了边界，传播无边界、销售无边界、生产无边界。在移动互联网时代，我们的生存取决于用户指尖的移动：他指尖移动到你，你就可能胜；移动不到你，你不可能胜。原来的市场竞争取决于地段，谁在一个好的地段这个产品可能就卖出去了；到了互联网时代就是流量，谁吸引的顾客多，谁的流量大，谁就有可能占先机。

因此，为了迎接移动互联网时代，我们一定不能留恋曾经具有优势的东西，抓紧建立互联网思维，迎接互联网挑战。

第二章　善于学习

　　用科学技术改造农业，培养新型农业、发展现代农业产业，是贯穿新农村和现代化全过程的一项长期艰巨任务。农民首先要掌握一定的科学文化知识，具备与现代农业相适应的科技素质和创新能力，才能更好地成为适应新农村建设的新型农民。

第一节　学习文化知识

　　新农村建设中，支撑新农村建设的基础就是培养数以亿计观念新、讲文明、懂技术、会经营的新型农民。作为新农村建设的主力军，如果没有新型农民积极参与，没有农民素质的全面提升，社会主义新农村建设就会受到影响，甚至难以实现。因此，培育新型农民，提高农民的文化知识素养就成为新农村建设中亟待解决的一个问题。新型农民只有不断提高他们的文化知识素质，才能改变他们思想深处的传统观念，用一种全新的视角看待自己所生活的农村，从而为良好乡风民俗的形成奠定文化基础，为新农村建设的发展铺就健康的精神文明之路。

　　因此，农民能否有效引入现代生产要素很大程度上取决于农民所拥有的人力资本的多少，即接受现代知识教育和技术培训的程度。只有提高新型农民的素质，才能用文化知识武装农民的头脑，用文化知识启发民智，用科学知识扫除愚昧。我们经常听到农民根据直觉经验得出的总结："如今光靠勤劳、苦干富裕不起来了，看看村里人的家庭经济条件就知道，还是那些文化水平高的人脑子灵活，他们比其他人更容易发财致富。"从农民朴素的话语中，我们发现：提高农民群众的学习能力，提高他们对社会的认知能力和自我发展能力，就必须在农村进一步加强义务教育，尽快建立起多元化的职业教育体系，尽可能奠定新型农民雄厚的文化基础，如果不从根本上全面提升农民素质，新农村建设就会成为一句空话。

第二节　培养科技素质

我国正处在从传统农业向现代农业转变的重要时期，科学技术正在不断地被应用于农业生产之中，科技成果也正在不断通过农民的吸收消化运用于生产建设之中，这就在客观上进一步要求农民具备一定的科学技术知识，掌握一项到多项从事农业生产或相关生产的技能。也只有具备较高的科技素质、具备掌握大量的科技知识和技能的新型农民，也才能适应现代化的农业生产，进而提高我国农业以及农产品的国际竞争力。

但是，总体来看，我国农民科技素质水平极低，大多数农民只能从事传统农业耕作或只具有传统农业的经验和技能，对新知识、新技能、新成果、新信息反映迟钝。他们普遍注重自身的直接感知，不习惯接受间接经验和理性思维，特别是对农业中新出现的事物缺乏接纳、消化、吸收能力，从而致使许多先进的农业技术成果和机械装备都无法在农村得到推广普及。

科技的贫困是导致物质贫困的根源，同时也会导致精神的贫困，而精神的贫困则是一切愚昧和迷信产生的重要原因。所以，只有使农民掌握足够的科学文化知识，掌握现代农业技术，才能提高科学种养水平；只有使农民掌握足够的科学文化知识，农民才能学会使用先进的生产工具，更好地适应农业和农村经济发展的要求，做适应农业现代化要求的新型农民。鉴于此，党和国家十分重视农民科技素质教育，要求"力争到 2020 年，让全国 95％以上的农村劳动力能够接受科学素质教育培训，

95%以上的乡村能够开展群众性、社会性、经常性的科学普及活动，使全国农民的科学素质能够基本适应全面建设小康社会的要求。"从而为建设社会主义新农村、构建社会主义和谐社会奠定坚实基础。

第三章　懂经营

第一节　获取农产品信息

随着信息技术的迅猛发展，农产品市场信息对农产品产销影响巨大。因此，提高广大农产品生产者对市场信息的获取能力，满足其对市场信息的需求，可推动农产品市场营销。

农民朋友可以将自己所有的关于农产品、农业生产资料的供应、需求信息公布到相关媒体上，以期得到相应的货源或销售渠道，这就是信息发布。

常用的信息发布渠道包括报纸、杂志、广播、电视、网络等。

目前，权威高的网站有：全国农产品批发市场价格信息网、12316农业综合信息服务平台、发发28农产品信息网（网址：http：//www. fafa28.com/）、农享网（网址：http：//www. nx28.com/），这些网站都能免费注册发布供求信息，还可加入地方商圈、行业商圈，让你更快捷、更方便地做生意。

此外，一些更容易传播信息的发布手段如电子邮箱、QQ、聊天室、博客、微信、视频、网店等现代网络信息发布的形式越来越受到消费者的欢迎。

第二节　新型农民的营销策略

一、了解市场信息，把握市场脉搏

随着信息技术的迅猛发展，农产品市场信息对农产品产销影响巨大。因此，提高广大农产品生产者对市场信息的获取能力，满足其对市场信息的需求，可推动农产品市场营销。

目前最具权威的是农业部主办的"中国农业信息网"，该网专门设有"供求热线""信息联播""科技推广""外经外贸"等栏目，还与农药、菜篮子、种业、花卉、畜牧兽医、农产品供求、水产、绿色食品等行业网站有链接，另外还与各省（自治区、直辖市）的农网、农业信息网有链接。

"中国农民经纪人网"网站上有"农产品信息""供求信息""进出口信息"以及 26 个不同类别的"交易平台"等栏目，这个网站上面还有很多与农民有关的专门的知识介绍，值得农民朋友去看看。

"金农网"（http：//www．agri．com．cn）及很多网站都有很多值得关注的信息。

二、学会市场营销管理

（一）我国农产品营销发展趋势

长期以来，农贸市场一直是我国农产品营销渠道中最为重要的销售终端。这种传统的零售终端存在诸多无法回避的问题，如质量保证问题、经营不规范问题等等。为了进一步提高农产品的运转效率，尽最大努力缩短供应链长度，很多学者提出"农超对接"模式。所谓"农超对接"，是由商家和农户签订意向性协议书，由农户直接向超市、便民店和菜市场供应农产品的新型供应方式。这种方式为优质农产品直接进入超市搭建了平台，本质上将现代供应方式引入农村，去掉了农产品流通的中间环节，给农户和消费者最大的利润和实惠。在2008年年底，商务部和农业部联合下发《关于开展农超对接试点工作的通知》，正式启动了"农超对接"试点工作。通知指出，到2012年，试点企业鲜活农产品产地直接采购比例将达到50％以上。一时间，在政策刺激和业内一片看好的前提下，大型零售超市包括沃尔玛、TESCO、家乐福、华润万家等开始了"农超对接"的疯狂提速。

1. 农超对接

超市作为一种新型现代营销业态已逐渐被市场接受，在近几年也逐步涉足农产品销售领域，成为农产品零售营销渠道中的一匹黑马，并与传统的社区集贸市场在零售终端展开了激烈的竞争，成为百姓购买农产品的新渠道。由于传统的农产品流通渠道过于复杂，造成农产品在流通过程中层层加价，致使城市百姓生活负担加重的同时，农民也并未增加收益。政府一直在鼓励开展"农超对接"，也正是看中了超市在商品流通中的重要作用，旨在打造高效安全的农产品营销网络，使之与城市经济发展相适应。近几年，随着CPI的高涨，政府十分注重控制农产品的价格增长，以农业部为主导的相关部门，正在全国各地大力推行"农超对接"的新型农产品供应模式，努力降低中间流通成本，保障产品质量。

在欧美发达国家，60％～80％的农产品进入了超市。我国农产品市场主要以城市集贸市场为主，只有6％的农产品由超市售出，在上海达到20％。随着我国社会生产力水平和人民生活水平的提高，城乡居民生活消费水平迅速提升，消费观念和方式发生变化，人们越来越重视食品安全问题，超市因其在农产品质量、便捷、购物环境等方面的优势日渐受到消费者的欢迎。

目前，我国的农产品销售终端以"农贸市场"为主，连锁店和超市的销售量只占较低份额，连锁店和超市的农产品销售业务近几年来呈现出较快的发展势头，但目前其销售量仍然非常有限。而在发达国家连锁超市已成为农产品零售的主要形式，显示了现代化零售业与现代化农业对接的优越性。"农超对接"主要发展模式可分为以下几种：

（1）"超市＋农民专业合作社＋农民"模式

这种模式是指超市通过专业的农民合作社与农户联系，向符合要求的农民专业合作社进行采购，由合作社组织社员进行生产。具体操作过程是：由超市成立专门的"直采"小组，在全国各地的农民专业合作社中挑选能生产出符合要求的优质农产品的合作社，与他们签订协议，开展合作，并提供相关的技术指导及支持，然后合作社组织农民生产，提供安全优质的农产品。这种模式的典型代表是家乐福超市所实行的"农超对接"。家乐福的"农超对接"都是大宗采购，一般不与分散的农户合作，通常通过各地的农民专业合作社进行"直采"，一是因为有对接采购量大的基础，二是可以统一执行超市的采购标准。家乐福定期对合作社进行相关培训，提高合作社的管理能力和生产技术，帮助合作社在当地寻找物流和包装供应商，加强合作，达到共赢。

（2）"超市＋农业产业化龙头企业＋农民"模式

这种模式是超市自己或通过专门的农技咨询公司，寻求优质农产品产地的农业产业化龙头企业，由这些龙头企业组织农民生产，超市在生产、加工和市场运作等方面进行监管指导，然后委托第三方机构对农产品的质量进行检测，合格的农产品由超市收购，通过超市售卖给消费者。麦德龙超市就是这种模式的典型代表，它不像家乐福那样直接与农民专业合作社合作，而是成立专门从事农技指导、咨询和培训的农技咨询公司，与相关的农业产业化企业合作，对当地农业组织进行指导，创立全新的供应链，提出科学的标准化生产流程。

（3）"超市＋基地＋农民社员"模式

为了保证超市生鲜食品的安全，突出生鲜食品的经营特色，强化管理，企业从生鲜食品的采购、加工到销售，全部实行自主经营，建立无公害蔬菜生产基地，与农户签订种植协议，积极发展订单农业。家家悦作为此种模式的代表，采取的做法是与镇政府和村委会合作，共建种植和养殖基地，统一进行集散、加工、贮存、交易和配送，引导农民进行订单生产。

2."农超对接"的优势

与传统的农产品供应链相比，"农超对接"加强了各部门之间的联系，将千家万户的小农生产与千变万化的大市场连接起来，满足多方需求，实现农民、商家和消费者的共赢，并且这一模式有可能引起农村经济社会的新一轮变革。

（1）"农超对接"给农户带来的效益

①保证农产品市场的稳定。在开放的市场环境下，为了更好地促进农产品的销售，农民需要对农产品和市场有足够的分析能力和预见性。由于信息不对称，农民自身文化素质较低，往往不能很好地估计市场。"农超对接"使农民由传统的当地销售转为同超市长期合作，减少产品成本，提高单位面积产出，增加效益。超市给出合理的价格区间，有利于农民摆脱市场价格频繁波动带来的不利影响。

②提升农民获利空间。"农超对接"最明显的优势是减少了中间环节，节省了流通成本，降低了交易费用，有利于农民提高农产品的采购价格。如果农民自己到市场上出售蔬菜水果，或者经过"农户—地头经理人—地头市场—区域批发经纪商—批发经纪商—农贸市场商户或超市供应商—消费者"的长渠道售卖农产品，所获利润很低，而通过"农超对接"，农民与超市直接合作，可帮助农民获得较高利润。

③促进农户间合作，调整农业生产结构。"农超对接"客观

上使农户之间加强联系，加快了农民专业合作社的发展，这样不仅有助于实现农业生产的规模效益，促进农产品生产规范标准化，而且可以引导农户做出市场导向的生产行为，建立市场导向下的农业生产结构，增加效益。

（2）"农超对接"给超市带来的效益

①减少中间环节，获得更多产地信息。传统的农产品营销渠道，从田间地头到消费者餐桌，农产品要经历农民、经理人、批发商、运输商、批发市场、超市供应商、超市等众多环节，费时费力，不仅增加流通成本，还易造成农产品的腐坏。"农超对接"减少了中间流通环节，缩短了流通时间，提高了农产品的新鲜度。而且超市与农户的直接联系密切了双方交流，使超市获得更多的农产品产地信息，有益于超市长远发展。

②加强控制农产品生产和流通环节。"农超对接"并不是简单地减少农产品流通的中间环节，而是由农民和超市一起扮演好中间环节的角色，变外界做为自己做。农民与超市直接对接，促使超市标准前移到田间地头，以市场为导向进行农业标准化生产。

③有利于农产品的可追溯性体系建设。"农超对接"使超市可以控制与监管农产品生产的上游，建立农产品可追溯性体系，进而保证超市销售农产品的安全性。在这种模式下，超市更多地参与到农产品的上游生产中去，从标准制定、技术指导到质量检验，从加工、生产到配送的各个环节保证农产品安全。此种优势满足了消费者对食品安全的要求，使得超市比农贸市场更具吸引力与竞争力。

（3）"农超对接"给消费者带来的效益

"农超对接"模式下超市会对农产品的生产、加工、配送、销售各环节进行质量检测，并对所售农产品质量实行可追溯保证，保证消费者"买得放心，吃得安心"。而且，超市直接采购，缩短了渠道长度，减少了中间环节，一方面确保了农产品的新鲜度，另一方面也使得农产品低价成为可能，保障了消费者的利益。

构建新型的农产品营销体系，必须要逐渐建立以超市连锁经营为主体、以农贸市场为辅助形式的农产品零售终端系统。"农超对接"可以说是完全省略了中间环节，但是在实际运行中发现很难实现农超的直接对接。据近期统计显示，连锁零售企业蔬菜和水果占生鲜销售比例分别为 22.13%、23.66%，其中超过 80% 的企业由总部统一采购，只有 16% 的企业以产地或基地为主。究其原因，相对于标准化的超市经营，还处于初级阶段的农户其规模小、起点低，在超市强势话语权下，超市开出的条件让很多农户无法接受，农户的"人微言轻"，使得本应在"农超对接"中受益的农户都抱怨没有赚到钱，所以在实际对接中仍然面临诸多的障碍。在我国的农产品供应链运转中，完全省略中间环节，至少目前是不合适也是无法完全做到的，提高效率的同时也需兼顾各方利益。农产品供应链的运转需要农村经理人，而要提高农户的话语权，改变被动的地位，争取尽可能大的利益，就必须提高农村经理人的组织程度，换句话说，就是农产品供应链高效稳定运转需要农村经理人组织化。

（二）农产品的网络营销

1. 农产品网络营销的必然性

农产品网络营销是指在农产品销售过程中全面导入电子商务系统，利用信息技术，进行需求、价格等发布与收集，以网络为媒介，依托农产品生产基地与物流配送系统，开拓网上销售渠道并最终扩大销售的营销活动。

近几年，我国农产品直接面对国外农产品的强势竞争，小生产和大市场的矛盾对我国农业竞争力提高的束缚更加明显。再加上农产品生产者现代营销意识不强，农产品市场细分不足、流通渠道不畅、缺乏有效的农产品促销等，面对这些问题，需要政府、农产品生产者和农产品市场中介组织的共同努力才能有效解决，网络营销的兴起为解决这一问题提供了新的思路。一方面网络营销能够打破时间空间限制，建立更加广阔的虚拟农产品市场，农业生产者足不出户就可以在全球范围内和买方进行沟通洽谈，从而降低农产品生产销售的成本。另一方面，农业生产者可以借助网络统一规划协调不同的营销活动，网络营销可由农产品信息获取、农产品在线交易支付到售后服务一气呵成，是一种全程的营销渠道，甚至对于某些特色农产品完全可以实现订单营销，通过网络获取客户订单，按照客户需求进行农产品的生产。

2. 实行农产品网络营销的重要意义

（1）获取市场信息，增加交易机会。互联网能够将信息传送到世界的每一个角落，实行农产品网络营销，可以运用先进、便捷的网络技术，建立农产品市场信息系统，使农产品生产者与消费者及时了解到国内外农产品的品种、数量、供求情况、价格变化等信息，打破时空限制，实现交易主体多元化，为农产品生产者与消费者提供了更广阔的商机，增加交易的机会。

（2）减少流通费用，降低交易成本。实行农产品网络营销，生产者能直接和消费者进行交流，减少农产品流通环节，缩短流通链。很多调查表明，基于网络发布信息和销售商品，不需要支付摊位费、产品陈列费，并不需要投资大额的固定资产，使得交易成本显著降低。

（3）引导科学生产，避免盲目跟从。实行农产品网络营销，生产者可以直接迅速地了解市场信息，根据市场的需求及价格变化，科学组织生产，市场需要什么，就生产什么，避免由于盲目生产而带来损失。

（4）打造产品品牌，树立产品形象。与传统的农产品销售方式相比，网络媒体具有制作速度快、覆盖能力广、动感效果优、宣传成本低的优势，尤其是网络环境下信息传递、沟通和利用网络展示商品形象的快捷都有利于产品品牌声誉的建立。

3. 推进农产品网络营销的对策

（1）加强农村网络工程建设，提高网络普及率。近年来，政府和基础电信企业在农村地区网络基础设施建设方面做了大量工作，农村网络条件得到了极大改善。但部分农村地区的网络铺设还没有到位。同时有些地区虽可以上网，但是网速非常慢，网络使用效率低，极大地影响了网民积极性。政府应该为农民上网创造更好的条件，加大对农村网络建设的投入力度，不断完善农村地区上网条件，并提高农村网络带宽的服务能力，加快农村互联网发展速度，进一步提高农村互联网普及率，缩小与城镇的差距。

（2）改善上网设备，降低上网成本。网络基础设施是推进网络营销在农村地区普及的前提条件。一方面政府应该有效落实"电脑下乡"政策，改善农村网民的上网设备。目前农村地区个人电脑拥有率仍较低，许多农民由于没有电脑等上网设备而无法接触和使用互联网。故应进一步使优惠政策落到实处，针对农村地区消费水平和消费习惯，以更实用的配置、更实惠的价格，满足农村地区对电脑等上网设备的需求。另一方面应加强农村公共上网场所建设。目前农村单位、学校、网吧等公共场所的上网条件远低于城镇发展水平。政府应加大对农村公共上网场所建设的投入力度，企业也应该强调自身的社会责任感，共同致力于农村地区公共场所上网条件的改善。

（3）完善农产品物流配送体系。物流配送是网络营销的关键环节，直接联系着客户。它的效率高低和安全与否关系到农产品网络营销的成败。而农村地区物流不发达，甚至很多偏远山区缺少物流配送，成为农村农产品网络营销发展的瓶颈。当前农产品物流服务可考虑由第三方物流公司完成，依靠批发市场本身所拥有的资源，或由买卖双方自行协商完成。此外，物流配送还要重视农产品本身的特点，使用保鲜等新技术，对农产品妥善贮运，做到物流及时顺畅，保证农产品新鲜上市。

（4）加强农产品网络营销人才的培养，提高农民信息化能力。农产品网络营销人才是发展农产品网络营销的重要保证。当今农产品网络营销人才缺乏，地方各级政府需加大农村职业教育投资力度，建立农村技术培训班、农民夜校等多种农村职业教育培训机构，为农民进行相关技术培训指导，提高农民网络技术、商务技术、营销管理技术和现代农业知识水平，切实提高农户信息意识以及信息获取分析使用的能力，培养大量从事农产品网络营销的技术人才，为我国农产品网络营销发展奠定坚实的社会基础。只有加强人才队伍的建设，提高网络信息观念，充分利用网络信息资源，才能促进农产品的网络营销。

（5）提高农产品品质，加快制定农产品标准体系。为适应农产品网络营销发展的要求，政府应加大对农产品标准化建设的投入，加快制定农产品种植、生产、包装等标准体系，把标准化生产和管理纳入农产品生产和销售的全过程。认真分析研究和引进国外先进农产品标准，加快我国农产品标准化的进程，提高我国农产品标准化的水平。应该推动农产品认证、危害分析与关键控制点认证，促进标准化生产和实施品牌战略，主要品种逐步实现从农产品种植到包装的标准化，着力改善网络营销的环境。如农业合作组织、农村合作社等，可以和农户结成稳固联盟，以利润最大化为目标来合理安排各农户的种植时间，实行统一技术指导、统一销售、统一品牌。做好农产品的质量保障监督，全面提高农产品科技含量，以优良的品质和外观形象适应激烈的市场竞争，促进我国农产品网络营销全面普及和发展。

（6）建立安全可靠的信用支付体制。网络技术安全和信用安全是实现网上交易的重要保障。加强网络技术安全的建设、完善信用体系及与之相关的法律、法规，切实保障农产品生产者和消费者的利益。

4. 充分利用网络资源开展多样营销活动

（1）农产品信息发布。农产品营销者可以将农产品信息和服务发布在公司网站上，以这种方式提供给客户；或者在重要会议、公众信息、政府和非盈利活动中发布广告赞助页面，在这些页面上通过一个超级链接指向自己的公司。值得注意的是，农产品信息发布应该具有全面和实时的特点，而且保持实时更新，便于需求者获得农产品的供应信息和进行订购。

（2）农产品网络调研。网络调研一方面可以了解市场行情、各地市场信息、供需情况、价格走势，以便于制定种植、生产加工、销售等计划。另一方面，通过网络市场调研系统可辨识潜在需求群体，通过顾客反馈信息了解其对农产品的满意程度、消费偏好、对新产品的反应等。

（3）农产品网上直销。农产品网上直接销售的途径很多，既可以在自己的站点上直接销售，也可以加入电脑网络广场和虚拟电子商场，让顾客访问时在页面上任意挑选，当他决定购买时可以在线完成订购过程。

（4）农产品网络促销。农产品虽然多为消费者所熟悉，但网络的宣传和推广仍是不可缺少的。作为农业产品，我们仍然应该可以采用网络中的促销手段进行推广，如网络广告宣传、利用网络聊天的功能与顾客沟通了解需求、与非竞争性的厂商进行线上促销联盟或采用博客营销和邮件营销等手段来吸引消费者。

（5）加入专业经贸信息网和行业信息网。目前，很多专业的经贸信息网提供了大量的农业信息。农业方面的行业信息网也陆续出现，如中国农业信息网。各省市也开办了该地区的农业信息专门网站，用以提供农业方面的供求信息。这些行业信息网目标定位更为明确，网站信息也很专业实用，加入网站成为会员即可发布供求信息，为农产品买卖双方寻找合作伙伴提供了一个方便、快捷的平台。

网络营销为农产品的销售提供了更为广阔的平台,虽然这一新兴营销方式在农产品的营销实践中还面临着诸多制约和障碍,但随着政府支持力度的不断加大和消费观念的不断转变,我国农产品网络营销必将发挥更大的积极作用。

(三)农产品营销战略与策略的创新

在传统的农产品运销观念指导下,农产品生产经营主要依靠农产品的贮存与运输、推销与促销等手段来实现扩大销售。农产品市场营销观念则通过协调市场营销即围绕目标市场需求的变化,综合地运用各种营销战略与策略,并加以优化组合,不断创新,通过比竞争对手更加有效地满足目标市场的需求来实现企业增长和利润的实现。农产品市场营销更多的要考虑农产品的特有属性,并结合现代市场营销的"IOPS"组合,即市场调查、市场细分、市场优先、市场定位、产品策略、价格策略、渠道策略、促销策略、政治权利和公共关系进行战略定位和营销创新。

(1)农业是弱势产业,在世界各国都是要获取政府的产业发展政策支持,经营者应该积极地发挥和利用好政府力量,获取产业支持和渠道建设、宣传推广的支持。另外,农产品的市场营销,更要瞄准如何提高其附加值,除了满足消费者基本的食用功能外,更多地深度开发和挖掘产品的价值,不断地满足消费者的附加需求。例如:通过生产管理过程的提升,生产出绿色有机的农产品,满足人们对食品安全的需求;通过农产品的深加工,满足人们对健康和食用便利性的需求;通过对农产品地域文化和历史文化的挖掘,满足人们对食文化的需求;通过对产品的外在包装和设计改进,满足人们把农产品作为礼品的需求。总之,准确把握农业的产业特点,不断满足消费者对农产品的个性需求,是目前农产品营销战略和市场策略的核心。

(2)应该充分重视战略性营销,用好"市场探查""市场分割""市场优先""市场定位"等战略性组合。农业产业化经营必须源于对农产品消费需求的深入探查和仔细研究，通过市场研究，寻找潜在需求，捕捉市场机会。根据一些细分变量来分割市场，进行比较、评价，选择其中一部分作为自己为之服务的目标市场，针对它的需求特点开发适宜的产品，制订合适的价格、渠道、促销策略，实现产品的既定目标。

（3）充分利用好"产品策略""价格策略""渠道策略""促销策略"等战术性组合。由于四大策略各自包含若干个具体策略，形成各自的亚组合。如产品策略中就包括诸如产品组合策略、新产品开发策略、包装策略、品牌策略以及产品生命周期策略等。因此，高绩效的市场营销活动不仅在于这四大策略的灵活运用和不断创新，而且在于灵活运用和有效组合每一个亚策略，形成动态优化组合，协调一致为顾客需求服务。

（4）要积极应用"政治权利"和"公共关系"。由于农业是弱势产业，比较利益低下，资金紧张，农业产业化经营系统一般难以进行广泛的宣传和促销，往往要充分依靠"政治权利"和"公共关系"这两个策略。一方面，积极利用政府力量，获得宣传支持，引导百姓消费，扩大有效需求。另一方面，农业产业化经营系统应积极参与社会活动，改善与社会各界的关系，树立良好的形象，获得社会各界的关心和支持，通过公共关系达到宣传促销目的。农业产业化经营系统可以利用报纸、电视台等大众媒体以及其他社会机构为农产品营销创造有利的外部环境。

（5）农产品营销品牌化策略。农产品品牌建设与管理的创新品牌建设是农产品走向国际与国内市场的必然趋势和重要手段。对于农产品而言，其生产具有完全的开放性，产品差异性小，如何对农产品的品质加以区分，以及提升农产品的附加值，品牌建设就显得尤为重要，是面对激烈市场竞争环境的一张有力王牌，也是解决农产品销售难，提高农民收入的重要途径。

农产品品牌的创立有其天然性和市场性。有些农产品的品牌是和地理标志及历史文化紧密联系在一起的，这就需要地方经营者合理地加以开发和管理。"西湖龙井""利浦芋头""陕北大枣"等品牌，就是很好地利用了当地的地域品牌，在同类商品的竞争中，获取了市场的更多认可和青睐。对于市场性品牌，更多的是随着农产品经营企业的规模不断扩大，为了形成和保持其在市场中的优势地位，获取消费者认可和对产品的忠诚度而主动建设的品牌，如"福临门"食用油、"阳澄湖"大闸蟹、"果园老农"干果等。通过品牌建设和管理，能够使企业在市场中获取而更多的无形价值，是解决农产品同质化严重、价格恶性竞争的重要手段。

农产品的品牌建设，是农业由传统的自给自足小农经济向现代农业转变的一个重要标志，农产品要想更广泛，更持久地进入市场，就要以一个新的形式和面貌出现，品牌无疑是时间最好的一个市场载体。农产品经营企业通过产品品牌的打造，体现了同竞争者的差异化，有利于消费者对自己品牌的辨别和忠诚度提升。

（6）农产品加工化策略。农产品加工是指以农业生产中植物性产品和动物性产品为原料，通过一定的工程技术处理，使其改变外观形态或内在属性的物理及化学过程；同时也是通过一定的管理技术处理，使其由初级产品转变为制成品，连接农业生产与居民消费的经营过程。目前，农产品中直接能够进入生活消费及工业生产的种类并不多，因此，农产品加工是不可或缺的产业。农产品加工作为农业产业的延伸和农产品价值增值的必要过程，是每一个经济体不可缺少的环节。农产品通过加工增值的例子比比皆是，农民投资办加工企业不仅获得了农产品的增值部分，同时也获得了加工的收入。20 世纪 80 年代，江苏省兴化市不少乡镇的大葱卖不掉，烂在田里，倒进河里，造成河水污染。近几年，本地农民先后投资办起了十多家大葱加工厂，加工脱水葱、方便面调料出口到韩国和我国台湾等地，全市大葱面积由万把亩猛增到 40 多万亩，每年增收几千万元。可见，农产品的加工也在促进农产品市场的发展，我们不能忽视它。

（7）农产品包装策略。在现代商品社会，包装对商品流通起着极其重要的作用，包装质量直接影响到商品能否以完美的状态传输到消费者手中，包装的设计和装潢水平直接影响到企业形象乃至商品本身的市场竞争。随着人民生活水平的提高，原有消费习惯和生活方式的改变节奏不断加快。为适应这种变化，包装设计的一项重要任务就是更好地符合消费者的生理与心理需要，通过更人性化的包装设计让人们生活更舒适、更富有色彩。因此在农产品的包装上，我们要制定它的策略，因为选择不同的包装策略将得到不同的包装效果。

（8）农产品绿色化策略。农产品绿色化营销策略是随着严重的环境问题而产生的。所谓绿色营销是指以促进可持续发展为目标，为实现经济利益、消费者需求和环境利益的统一，市场主体通过制造和发现市场机遇，采取相应的市场营销方式以满足市场需求的一种管理过程。目前，各国民众日益重视食品安全，环保意识迅速增强，回归大自然、消费无公害的绿色食品已成为人类的共同向往。绿色农产品有利于增强人民体质，改善生存环境。当今世界，人们对绿色农产品越来越青睐。世纪之初，我国已全面启动"开辟绿色通道，培育绿色市场，倡导绿色消费"的"三绿工程"。我们要牢牢抓住这一机遇，奏响绿色主旋律，大力发展无公害蔬菜、畜和蛋品，发展农产品的绿色营销。

（9）农产品体验营销的策略。农产品与消费者的生活息息相关，它关系到消费者的身体健康、人身安全和幸福度等顾客满意指标，产品本身具有的体验价值以及附加值都影响顾客的消费体验。如绿色农产品，不仅代表健康生活体验，还有简约时尚体验，甚至上升到爱生活、爱社会的大爱体验，这样的体验本来就是人们生活不可分割的一部分。同时，在实践中还可以提供订制化产品和服务、直接提供产品 DIY 的场所和原料、产品限量发行等，使顾客感到独特。

我国在构建新型农产品营销体系时必须完善相关的政策措施，强化监控力度，建立健全农产品质量安全保障系统。农产品的营销体系，除了确保质量安全之外，还应该做到有序，即竞争公平，信息公开，交易秩序井然，杜绝欺行霸市、不公平竞争的现象。要改善农产品国际竞争地位，必须有意识地树立中国农产品品牌形象，对其进行合理的市场定位，实施农产品品牌和精品战略，改变传统的包装观念，确立农产品绿色营销观念，作为现代营销手段的网络广告，已成为国际营销企业最便捷最有效的促销方式。因而农产品生产经营者应树立网络营销的竞争观念，利用网络广告等信息媒体，扩大农产品品牌的知名度，增加销售利润。

三、农产品营销策略

（一）农产品价格波动

我国农副产品价格出现过"过山车"一样的大幅波动，"蒜你狠""姜你军""猪坚强"横行霸道，受伤的是农产品生产者和消费者。农产品价格波动的原因：

1. 缺信息

农户缺少农产品决策信息，只对当年价格敏感。由于单个农民对翌年全省、全国某种农产品的种植、养殖量并不清楚，因此决定他们种植、养殖什么品种的依据就是今年什么贵就种什么、养什么，导致大家一哄而上。翌年该农产品产量太大，价格急剧下跌，伤害农民，于是农户又都抛弃该农产品，导致来年产量低，价格暴涨。

2. 缺渠道

农产品生产、流通中间环节太多，导致价格扭曲。种子、农药、化肥、饲料、收购、运输、储藏、销售、行政执法、国际油价等因素都会影响农产品价格。

3. 缺支持

国家农产品储备库规模太小，无法削峰填谷。

4. 缺自主

游资炒作和撤离导致农产品价格忽上忽下。

（二）猪周期

猪周期是指"价高伤民，价贱伤农"的周期性猪肉价格变化怪圈现象。猪周期的循环轨迹一般是：肉价上涨——母猪存栏量大增——生猪供应量剧增——肉价下跌——大量淘汰母猪——生猪供应量减少——肉价上涨。猪肉价格上涨刺激养猪户的积极性造成供给增加，供给增加造成肉价下跌，肉价下跌打击了养猪户的积极性造成供给短缺，供给短缺又使得肉价上涨，周而复始，这就形成了所谓的猪周期。猪周期一般为3年。

猪场新型农民应对猪周期时，要及时掌握市场信息，动态化关注产前和产后，养猪计划决策前认真分析本地市场和全国市场，分析消费趋势；生产中不能盲目地追涨惜售或恐跌滥杀。

（三）营销实操策略

1. 反季节化策略

因农产品生产的季节性与市场需求的均衡性的矛盾带来的季节差价，蕴藏着巨大的商机。要开发和利用好这一商机，关键是要实行"反季节供给高差价赚取"策略。实行反季节供给，主要有三条途径：一是实行设施化种养，使产品提前上市；二是通过储藏保鲜，延长农产品销售期，变生产旺季销售为生产淡季销售或消费旺季销售；三是开发适应不同季节生产的品种，实行多品种错季生产上市。实施产品市场营销策略，要在分析预测市场预期价格的基拙上，搞好投入—产出效益分析，争取好的收益。

2. 高品质化策略

随着人们生活水平的不断提高，对农产品品质的要求越来越高，优质优价正成为新的消费动向。要实现农业高效，必须实现农产品优质，实行"优质优价"高产高效策略，把引进、选育和推广优质农产品作为抢占市场的一项重要的产品市场营销策略；淘汰劣质品种和落后生产技术，以质取胜，以优发财。

3. 大市场化策略

农产品销售要立足本地，关注身边市场，着眼国内外大市场，寻求销售空间，开辟空白市场，抢占大额市场。开拓农产品市场，要树立大市场观念，实行产品市场营销策略，定准自己产品销售地域，按照销售地的消费习性，生产适销对路的产品。

4. 多样化策略

农产品消费需求的多样化决定了生产品种的多样化，一个产品不仅要有多种品质，而且要有多种规格。要根据市场需求和客户要求，生产适销对路的各种规格的产品。实行"多品种、多规格、小批量、大规模"策略，满足多层次的消费需求，开发全方位的市场，化解市场风险，提高综合效益。

5. 低成本化策略

价格是市场竞争的法宝，同品质的农产品价格低的，竞争力就强。生产成本是价格的基础，只有降低成本，才能使价格竞争的策略得以实施。要增强市场竞争力，必须实行"低成本，低价格"策略。要实行农产品的规模化、集约化经营，努力降低单位产品的生产成本，以低成本支持低价格。

6. 鲜嫩化策略

人们的消费习惯正在悄悄变化，粮食当蔬菜吃，玉米要吃青玉米，黄豆要吃青毛豆，蚕豆要吃青蚕豆，猪要吃乳猪，鸡要吃仔鸡，市场出现崇尚鲜嫩食品的新潮。农产品产销应适应这一变化趋向，这方面发展潜力很大。

7. 地理标志化策略

近年来，人们的消费需求从盲目崇洋转向崇尚自然野味，热衷土特产品，蔬菜要吃野菜。市场要求搞好地方传统土特产品的开发，发展品质优良、风味独特的土特产品，发展野生动物、野生蔬菜，以特优质产品抢占市场，开拓市场，不断适应变化着的市场需求。

8. 标准化策略

我国农产品在国内外市场上面临着国外农产品的强大竞争，为了提高竞争力，必须加快建立农业标准化体系，实行农产品的标准化生产经营。制定完善一批农产品产前、产中、产后的标准，形成农产品的标准化体系，以标准化的农产品争创名牌，抢占市场。

9. 加工化策略

发展农产品加工，既是满足产品市场营销的需要，也是提高农产品附加值的需要，发展以食品工业为主的农产品加工是世界农业发展的新方向、新潮流。世界发达国家农产品的加工品占其生产总量的 90%，加工后增值 2～3 倍；我国加工品只占其总量的 25%，增值 25%，我国农产品加工潜力巨大。

10. 品牌化策略

一是要提高质量，提升农产品的品位，以质创牌；二是要搞好包装，美化农产品的外表，以面树牌；三是开展农产品的商标注册，叫响品牌名牌，以名创牌；四是加大宣传，树立公众形象，以势创牌。要以名牌产品开拓市场。

四、农产品网络营销

（一）淘宝系工具

1. 天猫和淘宝的区别

（1）对淘宝买家来说，天猫和淘宝店铺的主要区别为：

①淘宝网的 C2C 店铺，也就是我们通常所说的淘宝集市是任何人都可以开的，而淘宝商城的 B2C 店铺（也就是天猫商城）是以公司的形式注册的，也就说是，没有注册公司就不能在天猫开店。

②天猫所有的商品都有七天退换货保障，而淘宝则没有，除非加入七天退换货服务（目前还有很多淘宝卖家并没有加入七天退换货服务，消费者的权益很难受到保障）。

③淘宝网上的所有保障，天猫都必须提供，但淘宝卖家是可以自愿加入的，而不是强制的。

④如果把天猫比作一个商场，那么淘宝就是集市。天猫在商场里卖出东西，需要向淘宝上交佣金，淘宝店则不需要。所以淘宝网是主推天猫品牌的。

⑤天猫商城还可以进行分销管理，扩大品牌知名度；而淘宝店则不可以。

（2）对淘宝卖家来说，天猫商城和淘宝店铺的主要区别是：

①天猫信用评价无负值，从 0 开始，最高为 5，全面评价交易行为。

②天猫店铺页面自定义装修，部分页面装修功能领先于普通店铺和旺铺。

③天猫产品展示功能采用 flash 技术，全方位展示产品。

④天猫全部采用商城认证，保证交易的信用。

⑤天猫商城具有普通店铺和旺铺都不具有的功能。

⑥淘宝网店铺是任何人都可以开的，而天猫（也就是淘宝商城）是需要公司进行注册的。而且开一个淘宝集市店铺，不需要缴纳费用，开店门槛低，可自愿加入消费者保障，缴纳保证金；而入驻天猫商城则至少需要缴纳1万元保证金。

⑦交易平台不同。淘宝商城即天猫是一个综合性购物网站，是阿里巴巴打造的在线B2C购物平台，主要网罗线下知名品牌，是商家对客户的交易平台。淘宝集市店铺是阿里巴巴打造的亚太最大的网络零售商圈，是典型的C2C（客户对客户）的个人网上交易平台。

⑧技术服务年费不同。天猫商家必须缴纳年费，年费金额以一级类目为参照，分为3万元或6万元两档，且是一次性缴纳，符合返还条件可以返还，返还的比例为50%和100%两档。淘宝集市店铺则没有此项费用，开店费用主要是保证金及付费推广等。

⑨信用评价体系不同。天猫采用的是店铺动态评分体系，通过动态评分的宝贝与描述相符、卖家的服务态度、卖家发货的速度、物流公司的服务四项指标来评判店铺状况。淘宝集市店铺除了有店铺动态评分外，还有一个很重要的指标——卖家信用，目前有心、蓝钻、蓝冠、金冠四个等级。

⑩天猫后台还可以有数据魔方服务，进行数据分析；淘宝集市店铺则没有。

2. 淘宝的推广方式

（1）宝贝上架时间。买家在淘宝贝的时候，淘宝的默认排序方式是按下架时间来排的，越接近下架的宝贝越排在前面，容易被买家看到。因此我们就努力让自己的宝贝在人气最旺的时候接近下架，这就要控制好宝贝的下架时间。

（2）合理设置宝贝名称。宝贝名称尽量多地包含热门搜索关键词，关键词必须是跟宝贝有关的，不然算是违规。包含尽量多的热门搜索关键词，能增加宝贝被搜索到的概率，自然也增加了被买走的概率。

（3）用好橱窗推荐。使用了橱窗推荐的宝贝比没有使用橱窗推荐的宝贝更容易被买家搜索到，而且概率大好几倍。一定要推荐快下架的宝贝，最好是既漂亮又便宜的宝贝。这样买家才更有兴趣到店里来逛逛。

（4）利用店铺留言进行宣传。卖家在自己的店里是可以随便留言的，要利用好留言体现自己的优势，及时更新促销信息，买家到店里后就有可能看到这些信息，增加购买的可能性。另外，还可以到别人店里留言。先留言夸掌柜人好，东西漂亮，接着就可以放上自己的广告信息，吸引更多的客户到自己的店里来。

（5）利用好评价管理。评价管理包括给买家的评价和买家给我们的评价。在给买家评价的时候，可以适当做一些宣传，起到一定的宣传效果。同时买家给我们评价以后，还可以充分利用卖家解释的地方做宣传广告，并不是只有中评差评的时候才需要解释，好评的时候更应该好好利用这个机会进行宣传。因为许多聪明的买家在买东西前都会看一下评价，这里如果有广告信息的话，效果就会很好。

（6）多搞促销活动。买家都希望买到物美价廉的特价商品。卖家可以做促销，薄利多销，信誉上去了，人气旺了，以后的生意也好做了。不一定要等节日的时候才搞促销，平时也可以通过促销活动拉动人气，只有人气旺了，生意才会越来越红火。

（7）发红包和抵价券，送小礼物，让那些因为价格而徘徊犹豫的顾客产生购买行为。

（8）建立会员折扣制度。想让第一次上门的顾客变成老主顾吗？可以通过设置会员折扣增加客户的重复购买率。

（9）淘宝客推广。"淘宝客"是指帮助淘宝卖家推广商品赚取佣金的人。只要获取淘宝商品的推广链接，让买家通过您的推广链接进入淘宝店铺购买商品并确认付款，就能赚取由卖家支付的佣金，无需投入成本，无需承担风险，最高佣金达商品成交额的50%。

（10）淘宝直通车。淘宝直通车是由阿里巴巴集团下的雅虎中国和淘宝网进行资源整合推出的一种全新的搜索竞价模式，其竞价结果不但可以在雅虎搜索引擎上显示，还可以在淘宝网上以全新的图片＋文字的形式充分展示。每件商品可以设置200个关键字，卖家可以针对每个竞价词自由定价，并且可以看到在雅虎和淘宝网上的排名位置，并按实际被点击次数付费（每个关键词最低出价0.05元，最高出价100元，每次加价最低为0.01元）。

（11）社区发帖回帖。发帖和回帖是所有卖家提高店铺浏览量的最常用手段，具体效果因"帖"而异，有的人一篇帖子能带来数百甚至上千的浏览量，而有的人发了很多帖子，带来的浏览量却寥寥无几，所以不能光看发帖数量，最重要的是要使帖子具有吸引力。

（12）到其他论坛发软广告。除了淘宝社区，其他论坛也应该多去逛逛，顺便发几个小广告，也能提高小店的知名度，为小店带来一定的流量。但现在很多论坛都反感广告，直接发广告是会被删帖的。可以采用比较含蓄的办法发广告，写个内容丰富的帖子，在其中渗透广告信息，这样就大大避免了被删帖的可能。

（13）博客营销。利用博客编辑软文，也能给店铺带来流量和商机。

（14）微博营销。利用微博把促销信息、产品优势等传播出去。

（15）赚银币抢广告位。社区广告位的效果很明显。每天论坛里的人数以万计，能在这里做广告，效果可不是一般的好。

（16）加入商盟。商盟比群大很多，人气也旺，跟大家成为朋友，也就多了不少潜在顾客。当盟友的顾客需要购买的产品正好店里有的话，盟友之间还可以互相介绍。而且加入商盟以后，买家会觉得我们的店铺更有保障。

（17）群发信息。利用旺旺、QQ、MSN 等聊天工具发广告。这种广告容易惹人反感。所以要适度，不然一发广告就被拉黑，那可就得不偿失了。

（18）利用旺旺个性签名推广。将旺旺的个性签名设成"上新货了"或者"特价促销"或者"包邮"等一系列促销信息或者广告信息，这样买家才能更容易看到店铺的最新状态，如果旺旺个性签名够诱人，自然就会带来流量。

（19）邮件推广。利用电子邮箱给每一个我们知道的地址发一封邮件，在开头表达问候，随后附上店铺的最新信息。只要对方收到信看了，就达到了推广的目的。

（20）利用关系网推广。在认识的朋友中提及公司产品以及近期的优惠活动，把信息传递出去，增加店铺流量。

（21）个人空间管理。个人空间也是店铺的一部分。当有人进入到空间的时候，就好像走到了店门口，进不进店，那就看店门做得有没有吸引力了。自己的空间是可以随便发广告的，应把宝贝图片做得漂漂亮亮的，在真实的基础上尽量把描述写得有吸引力。当然空间不能全是广告了，可以加一些其他内容，让空间丰富多彩，叫人来了一回还想来第二回，那样就更完美了。

（22）关注求购信息。经常到求购区去看看，有没有人求购的宝贝是我们店里有的。运气好的话，能找到好多顾客，即使我们店里没有买家求购的东西，也能发现不少潜在顾客，把他们都加为好友吧，顺便推销一下跟他求购的宝贝差不多的东西，很容易促成交易。

（23）参加群拍卖。群拍卖见效快，几分钟就能看到拍卖结果。聚集人气也非常迅速有效，可以认识很多潜在买家，虽然拍卖的东西只有一个，却能发现很多潜在顾客。

（二）其他类工具

1. 百度搜索

百度目前是国内的主流搜索引擎，如果能掌握百度竞价排名推广的一些操作技巧，这种推广是一种很不错的推广方式。可以通过以下几种不同的操作技巧来达到百度竞价排名推广的目的：

（1）百度竞价排名账户首页左侧有搜索推广和网盟推广两种推广方式，搜索推广指竞价排名；网盟推广指百度联盟推广，就是在很多和百度合作的网站上挂上所推广网站的广告，也是按点击收费的。建议如果要开通网盟推广的话，一定得先设置好每日预算，刚开始可以把每日消费额设置得低一点，慢慢去了解学习、积累经验，根据投放的效果选择扩大推广力度或放弃网盟推广。

（2）设置每日最低消费和推广区域，根据需求设置所需竞价排名推广的区域，可以是某一个省或是某几个省、也可以是全国，根据自己的需求来设置。然后确定每日预算，如果是刚开通账户开始推广的话，一定要设置每日预算，账户都是自动计费的。建议刚开始推广时，要把每日预算设置得低一点，通过实践积累一些经验，根据关键字投放效果，调整和优化推广策略，然后再加大力度开始推广。

（3）将链接指向关键字相关的产品页，提高用户体验。

（4）广告描述中尽量加入联系方式，若广告描述得贴切又具有吸引力，客户有可能会直接打电话咨询。

（5）排名第一的效果并不明显，但花费较大，在效果上与排在第二名、第三名的相差无几。

（6）尽量提高广告技术水平，不能盲目追求高流量和点击率，而是应该追求高的投资回报率，有些网站也可以把所提供的产品和价格明确地写在描述里面，这样可以在不浪费广告费的前提下达到一个提前过滤的效果。同时，应尽量把标题和描述写得能够吸引目标客户去点击，还能有效防止垃圾点击。

（7）热门关键词的点击价格普遍偏高，与其同商家竞争热门关键词，不如另辟蹊径，多去找一些不太热门的长尾关键字，如果能找到几十个上百个，甚至上千个这样的不太热门的长尾关键词，那么给网站带来的流量不会比热门关键字少，而且这些不太热门的关键字的价格都比较便宜，广告费用也比热门关键字便宜很多，效果上并不次于热门关键词。

（8）对所有投放的关键字的价格、点击率和转化率做完整的跟踪和分析，了解哪些关键字的点击率高、哪些关键字的转化率高，根据投放效果不断调整和优化推广关键字，追求以最低的成本创造最大的效益。

（9）百度百科是人人可以参与创建和编辑的，创建百度百科没有什么限制，只需要用户有百度账号即可。建立自己的百度百科，不需要花费引流费用，当创建成功之后，内容是可以不断完善和修改的。

2. 团购促销

团购模式不同于 B2C、C2C 和 B2B 等电子商务模式，所以团购网在营销策划上应该有自己的独特性。团购网的营销策划应该着眼于五个关键因素：商家（优质商家）、用户（庞大的用户群）、服务（客服、物流、投诉、产品质量）、模式（营销和销售模式）、品牌（影响力）。策略上，网站运营初期，更多的精力应该放在建立广泛的营销渠道上，争取更多优质商家，积累更丰富的内容，建立更精准的用户群体，建立网站的可信任度，初步建立品牌的网络影响力。网站运营中期，在模式上应该不断创新，互联网的未来趋势是开源和整合，将团购做成一个开放平台，提供更多的增值服务，模式创新是网站突破营销瓶颈的最好途径。

团购网的营销策划应首先做好以下两点：

（1）团购网的产品、品牌、群体定位。如明确网站提供的产品有哪些特色和优势，产品针对的是哪些用户群体，网站风格和用户体验是否与用户群体相符，团队成员分工是否明确、是否存在职能重叠等。

（2）建立以产品和用户为向导的内容体系。如明确内容是否符合产品定位，内容是否对目标用户具备足够的吸引力，内容是否具备关键字策略，内容是否有广泛的传播渠道，内容是否具有原创性等。

3. 微信营销

微信营销是近年来新兴的电子商务网络推广营销手段，微信公众平台无法在手机上登录，也无法主动添加好友，这对微信推广增加了不少难度。但可以通过以下推广方式来增加微信的曝光度，从而达到微信推广的目的。

（1）合作互推。合作互推模式虽多用于微博推广，但微信互推的效果远比微博互推的效果好。同时这也是最好最快的方法。合作互推要求首先做到 1 000 个粉丝，然后开始找人合作互推，每次效果好都会获得上百的粉丝。

这种方法可在微博上互推，但微信上需谨慎，一旦被举报，有可能被封号。

（2）微博大号推广。有很多微博大号做微信都非常快地获得了很多粉丝。也可以利用自己的资源跟别人互换。但是对于没有资源的新手，只能找一些微博大号付费进行推广。一些有组织的微博大号，都会和自己一派的微博进行互推，甚至有一些微博大号每天都进行推广，转发量和阅读量相当惊人。

（3）其他线上推广。其他线上推广指在人人、豆瓣、贴吧、空间、论坛等进行推广。这类推广也需要注意技巧，如签名图片、论坛或贴吧头像可以使用二维码、Logo 或核心宣传语，这样几乎你的每一次评论都是一次宣传推广，且不容易被删。

（4）基于 LBS 的推广。这也是最简单的方法，即个性签名。

设置好具有吸引力的个性签名，然后查看附近的人，你就可以被别人看到，如果你的签名吸引了别人，就有可能获得关注。但因为我们附近的人毕竟有限，所以仅靠这种方法吸引关注只是前期有效。可以去不同的地点登录微信小号然后查看附近的人，你的地址信息就会保留一个小时左右，这一个小时如果运气好可以获得 30 人以上的关注。

（5）线下推广。线下推广模式指通过实体店、地铁口、广场等其他人流量大的公共场合进行推广的方式。如一个以吸引粉丝为目的的微信推广方案，可以联系电信运营商开通某个火车站广场和汽车站广场的无线 WIFI，设置好密码，并在各个显眼的地方放置印刷好的微信二维码，微信用户扫描二维码关注公众号之后，发送指定指令即可获得 WIFI 密码，如此便可日增万粉。

（6）活动推广。活动推广也可分为线上和线下，线上还包括互联网和微信活动，方式众多。如在微博上发起活动，关注就有机会获得礼品。或者在微信里发起活动，介绍身边的朋友即可获得折扣、礼品等。线下方式可参考微博，如餐厅需要推广自己的微信号，客人只要关注微信即可享受折扣或获赠某个特色菜品等。

4. 微博营销

目前微博营销尚处于探索阶段，可以借鉴新浪微博企业营销的成功案例（凡客诚品、肯德基、东方航空、长安福特、优雅女等），结合微博本身的一些特性，充分挖掘微博营销的能力。

首先要根据农业企业的形象定位和目标人群设定微博头像，一般为农业企业 Logo，保持头像色调和农业企业 VI 色调的一致，设置农业企业名称与公司品牌相符，同时设置农业企业的介绍和网址等。

其次要发展粉丝，一定规模的粉丝数量是进行微博营销的前提。在一个农业企业刚刚开通微博之初应如何快速发展粉丝呢?

(1)设定真实、亲切的个性头像。头像可以用农业企业Logo、农业企业法人、形象代言、卡通人物等,给粉丝以真实感、亲近感,感觉到有一个鲜活的生命在和自己交流。

(2)微博内容简洁、有吸引力。常言道,话不在多,以精为妙。用140字去打动听众说易不易、说难不难。除了大家喜闻乐见的内容外,如果能够将自己生活的精彩点滴分享给大家,不仅能够获得持续的关注,还会收获一群志同道合的好朋友——他们将是你最忠实的听众与推广者。

(3)加话题,找组织,找个人,习惯使用"##、@"等符号。在广播里用"给内容加个主题,能够让更多志同道合的人找到你。因此取一个大家耳熟能详的主题名称会带来很好的效果。可以先搜索对应的关键词,如果已经有相关的热门话题,使用相同的主题名称也可以带来不错的效果。

(4)保持微博更新和互动的合适频率。不管你多么才思敏捷、语出惊人,沉默永远是关注度的最大杀手。保持一个合适的更新频率一方面可以提高听众的忠实度,避免他们因得不到互动取消对你的收听;另一方面持续的"出镜"能够反复给大家留下印象,提高对你的关注。当然频率太高也会对别人产生骚扰,甚至有被拉入黑名单的危险。

(5)为微博配上合适的图片。一条成功的微博,如果配上相应的图片,会更加相得益彰。同时,图片更加具有阅读性,往往一张有意思的图片被转载的概率大于一条有意思的微博。

(6)进行恰当的转播。可以选择一些感兴趣的内容进行转播,分享给你的听众比自己写要容易得多。一个热点事件、某个精彩瞬间的传播都少不了大家每个人的"转播"力量。在这个过程中你会更快地获得大家的关注。要注意控制转播的频度,肆无忌惮、毫无选择地转播反而会丢失农业企业自身的特点,流失听众。

5. 视频、微电影营销

将农产品微电影以商业定制的模式加以应用，其实质相当于加长版的广告。但由于新媒体具有特殊性，传统媒介播放的广告内容和表现形式都不可能直接平移进农产品微电影中。为了吸引基数庞大且口味不同的新媒体受众，农产品微电影需要做足功课，精益求精，其商业价值和营销模式还有待于进一步挖掘，从形式到内容都需要进一步依托媒体特性和受众需求进行创新，也需要更多的线上线下活动进行配合。

（1）深入表现企业价值观和产品诉求。将品牌、产品诉求巧妙地融合在一个好的故事中，让一个故事的主题成为品牌的核心概念（或价值观）是农产品微电影的主要特性。对于营销传播而言，农产品微电影既是一个热点，更是一个工具。通过农产品微电影营销使品牌最大限度地在市场上被关注，触动消费者的心灵，使其感受到品牌的价值和内涵，增加品牌的亲和力。

（2）娱乐和广告深度整合，着力后期推广。农产品微电影与传统电影的运作模式完全不同，目前国内农产品微电影的制作方式和流程主要有两类：一类是由广告代理商提出创意大纲（脚本），制作公司搭建团队完成制作，这一类比较像 TVC 的制作过程，制作成本比较高，客户意识导向偏重；另一类是广告主直接找到视频网站，通过视频网站搭建团队，制作成本低，且创作空间相对较大。相比电影而言，短小的农产品微电影在投拍成本上相对低廉，但其主要花费却在后期传播上。因为需要客户、制片公司、视频网站、公关公司等多个团队共同协作，所以合作良好的团队是农产品微电影营销的基础。

就推广而言，农产品微电影多选择在各大知名视频网站的重点位置播出。由于大众对农产品微电影的需求就是能够在娱乐的同时接收到企业品牌的信息，所以农产品微电影的推广必须整合广告和娱乐平台。如在视频、SNS网站投放，在几个平台之间形成互动。

（3）淡化产品，释放品牌。品牌营销的关键在于对心灵的触动。将品牌倡导的价值和信念泛化为某一阶层的生活方式和消费文化，是品牌营销成功的关键。农产品微电影营销恰恰做到了淡化产品、凸显品牌，让品牌的内在精神感动他人，影响社会，而不仅仅只是产品的自我标榜。农产品微电影和广告联姻，可以从创作之初便结合广告元素进行构思，改变以往影视作品创作后期广告硬性植入的惯常做法，避免观众产生抵触情绪。即使是在网络平台播出，同样可以收获巨大的点击量。农产品微电影营销应致力于让观众动情，让观众萌生品牌梦想，衍生对品牌灵魂的认同，而不局限于产品曝光或产品本身炫目的体验。事实上，将品牌体验从产品体验升华到情绪体验，甚至上升到精神高度，正是农产品微电影营销模式的精髓所在。

五、客服培训

网店客服的好坏直接关系到店铺的成交率和转化率。当买家通过广告或者淘宝搜索进入店铺后，一般顾客都会咨询客服一些相关问题，那么客服的话术技巧就显得尤其重要了。淘宝店铺客服在接受顾客咨询的时候，如果对话技巧应用不对的话，可能导致顾客流失；如果对话得当，说对每句话，就能轻松留住买家的心，促使原来迟疑不决的顾客实现购买行为。所以，客服培训至关重要。

第三节　学会家庭农场经营管理

一、土地有序流转才能有稳定发展

土地既是农业最重要的生产要素，也是农民最重要的家庭财产。以农村土地家庭承包经营为基础发展专业大户、家庭农场，就需要通过流转土地经营权来扩大规模。按照中央的要求，依法赋予农民更加充分、更有保障的土地承包经营权，现有土地承包形成的全部权利义务关系保持稳定。

农村土地承包经营权流转是随着农村劳动力转移而出现的必然现象，反映了农地合理利用和优化配置的客观要求，对适度规模经营、提高农地利用率和劳动生产率具有重要作用，是发展专业大户、家庭农场的必要条件。

近些年来，随着农村劳动力大规模转移，土地流转速度明显加快。到 2012 年底，全国土地承包经营权流转面积达到 2.7 亿亩，占到总承包（合同）面积的 21.5%。

专业大户、家庭农场在土地流转过程中，要依法办理土地经营权流转手续，使流转的土地有一个稳定的经营预期，才能保证经营土地的稳定性和可持续利用。

由于对专业大户没有户籍和雇工方面的限制，其经营规模的上限没有规定。而对于专业大户、家庭农场，因为要求以家庭成员为主要劳动力，就有一个适度经营规模的问题。

二、量力而行确定生产规模

农业部组织专家以水稻、小麦、玉米生产为例，假设南方每年两季、北方每年一季，对不同条件下适度规模的目标值进行了测算。当前条件下的适度规模，北方地区为 120 亩，南方地区为 60 亩。各地根据本地的实际情况一般都有具体的规定。

三、懂技术还要善经营会管理

与传统农户相比，专业大户、家庭农场的一个显著特点是集约经营。所以，经营者应做到懂技术、善经营、会管理，这样才能把地种好，把畜禽养好，增加经济收入。

四、认证登记与做好生产纪录

专业大户、家庭农场是在家庭承包经营的基础上发展起来的。

专业大户、家庭农场，如果是经过登记的企业法人，应有独立的企业台账，做好财务收支记录；如果只是经过认定的自然法人，虽然没有严格的财务管理规定，做好财务记录对于成本核算也是有好处的。做好生产记录，是了解生产过程、开展农产品质量追溯的基础。你的产品好不好，生产过程是否符合标准化生产的要求，往往要通过生产记录来证明。同时，完整的生产记录有利于总结经验，发现问题也好查找出处。

五、合适的市场与对路的产品

专业大户、家庭农场，绝大多数是一业为主，而且生产的农产品比较稳定，受农产品市场和价格影响较大。因此，应当立足当地的自然资源和市场优势，生产适销对路的农产品。如果是特种种植或者养殖产业，一定要做好市场调查，防止生产出来的产品卖不出去。即使是当地习惯生产的农产品，也会出现市场风险。

六、生产过程需要分工合作

随着现代农业发展和家庭经营规模扩大，许多专业大户、家庭农场不仅需要雇佣长期工，还需要雇用短期工。特别是大田粮食作物有季节性，农忙时人手不够的现象很普遍。近年来，农忙季节临时雇工非常困难，且价格不断上涨。因此，充分利用农民合作社和各类农业社会化服务组织，把一家一户办不了或者办起来不划算的事，通过社会化分工，由各类服务组织去做，是一个既省力又省钱的办法。

社会分工是提高工作效率的重要组织形式。发展专业大户和家庭农场，也是我国实现农业生产专业化、规模化的重要途径。因此，我们要认识到小而全自给半自给小农生产模式的局限性，培养合作意识需要家庭成员合理分工，明确工作目标和责任，还要在生产过程中充分利用社会资源，提高工作效率和经济效益。

七、农户家庭的理财方法

农户家庭的理财与城市工薪家庭有许多不同之处，后者往往有固定的收入来源，并能获得较多理财产品的服务。而就农户家庭来讲，要做好家庭预算，你得把自己的全部财富分成三份：第一份用来确保满足现有生产经营项目对资金投入的需要，第二份用以保证家庭物质文化生活的需要，剩余的第三份才是我们手里的闲钱。如何用好用活这三份钱，是农户家庭理财的主要内容。搞好家庭经济核算，这是农户家庭理财的基础。用兵之道，要做到"知己知彼"，如果我们连自己的"家底"都不清楚，那就犯了兵家大忌了。

农户家庭经济核算，简单地讲就是要在记好家庭经济账的基础上，做好一定时期内收、支的计算、比较和分析。据此才能查明盈利和亏损的原因，从中找到降低支出、增加收益的方法，帮助我们正确决策，及时发现并修正在决策、计划中出现的误差，找到弥补的办法和措施。

如何搞好农户家庭经济核算呢？以下建议可以参考：

创造条件坚持搞好家庭经济账。可在当地有关专业人员（如村会计）的指导下自行记好家庭账，或联合几户共同聘请会计记账。

账目登记要做到"桥归桥、路归路"，也就是将生产经营的收支与生活消费的收支严格分开来记录，不能混淆不清。

登记账目要及时并按时间顺序逐笔记录清晰，不能记"堆堆账"。

八、确立正确的理财准则

在大多数老百姓眼里，"投资理财＝储蓄"，但在物价涨得比利率快的情况下，把闲钱存在银行，实际价值却在缩水。所以说，长时间存放大量的闲钱会造成家庭财务的"通货膨胀"。所以，科学理财必须遵循以下 4 条准则：

你的理财的目的是什么？家庭理财的根本目的就是家庭财产保值、增值，使家庭经常处于"收入大于支出"的状态，不会因为"无钱"而导致家庭财务危机，影响家庭生活。

你的风险承受力有多大？切勿追收益忘风险。比如民间借贷不能只看到它的高额收益，更要考虑其风险。

你能够理性消费吗？消费要量力而行，不要盲目和攀比，尤其是建房、购物和五花八门的人情消费，应该有自己的底线，所有的支出都要"量入为出"。

你给自己留好退路了吗？要注意确保自己及家人医疗养老保障等没有后顾之忧，要有专门的储备，轻易不要动用。

九、精心打理自己的家产

如何才能打理好自己那份家产呢？

（1）要养成良好的理财习惯。要领是切勿把"小钱"不当钱，要有"小流也能汇成川"的理财观念。

（2）要有合理的理财目标。要常常问问自己：想达到什么样的理财效果？是保值呢？还是减少开支？是要扩大经营规模呢？还是要建房、子女教育、养老？理财目标不同，可选的方法也不同，如果是用以养老或子女教育，那么最好选择风险较小的理财方式。

（3）要掌握合理的理财方法。低收入家庭承受风险能力较差，理财要求绝对要稳健，储蓄是首选；中高收入家庭除确保家庭经营的近期和长远发展外，可在有关专家或有经验的亲朋好友指导下，适当拓宽理财渠道，以分散理财风险，增大理财效果，比如：可以适当涉足包括储蓄、债券、银行理财产品、基金或股票在内的投资组合。

（4）要有健康的理财心态。这是农户家庭理财最关键之处，绝不能存有赌博的心理。其实对绝大多数农户来讲，家庭理财更多的是合理规划目前的收支，多为将来积累一些资金。

第四节　用好农业产业政策

一、农业供给侧改革

经济增长有"三驾马车"之说，即投资、出口和消费。这"三驾马车"可以说是经济的主要动力，是"需求侧"。要拉动经济增长，需求必须跟上，常规的做法是增加投资、扩大出口、刺激消费。但是一味地刺激需求会加重产能过剩、造成经济结构不合理等问题。

与"需求侧"对应的是"供给侧"，如果"需求侧"改革受困，必须换新思路、用新办法，那就是"供给侧"改革。以前我国消费动力不够，靠刺激消费需求是可行的；现在有消费动力，但供给的产品却满足不了消费者的需求，如日本的马桶盖、韩国的彩妆、澳大利亚的奶粉……被海淘族哄抢，说明我国生产的这些产品质量不好。这就是"供给侧"出了问题。

为什么要进行农业供给侧结构性改革？

当前中国农业面临诸多矛盾和难题，如在粮食生产上呈现出生产量、进口量、库存量"三量齐增"的怪现象；农事生产还受农产品价格"天花板"封顶、生产成本"地板"抬升等因素的影响和挑战；国内外农业资源配置扭曲严重，国内过高的粮食生产成本在海外不具备竞争优势，增产越多亏损越多。

这些"病根"主要出在我国农业结构和农业政策上。供给侧结构改革要深入农业领域，就要调整农业结构以提高农产品供给的有效性，增强农业资源在市场中的配置，推动农业生产提质增效，破解中国农业发展困境。

农业供给侧结构性改革改什么？中央农村工作确定了"农业供给侧结构性改革"的大方向为"去库存、降成本、补短板"。根据中央农村工作会议精神，农业供给侧结构性改革要突出抓好六项重点任务，即调结构、提品质、促融合、降成本、去库存、补短板。

调结构。就是优化农业生产的品种结构，树立大农业、大食物观念，念好"山海经"、唱好"林草戏"，合理开发各类农业资源，统筹粮经饲发展，大力发展肉蛋奶鱼、果菜菌茶等，增加市场紧缺农产品生产，为消费者提供品种多样的产品供给。

提品质。就是着力提升农产品质量安全水平，适应消费升级的需要，大力推进标准化生产、品牌化营销，培育品牌，提高消费者对农产品供给的信任度。

促融合。就是推进农村一、二、三产业融合发展，深度挖掘农业的多种功能，把农业生产与农产品加工、流通和农业休闲旅游融合起来发展，培育壮大农村新产业新业态，更好满足社会对农业的多样化需求。

（1）去库存。就是加快消化个别农产品的积压库存，千方百计把过大的库存量减下来，积极支持粮食加工企业发展生产，特别要加快玉米库存消化，减少陈化损失。

降成本。就是着力降低农业生产成本，通过发展适度规模经营、减少化肥农药等的不合理使用、开展社会化服务等，实现节本增效，提高农业效益和农产品竞争力。

（2）补短板。就是大力弥补制约农业发展的薄弱环节，既要补农业基本建设之短，持续改善农业基础设施，提高农业物质技术装备水平，又要补农业生态环境之短，加强农业资源保护和高效利用，实施山水林田湖生态保护和修复工程，扩大退耕还林还草，治理农业面源污染，推动农业绿色发展。

二、农村惠农政策

（一）测土配方施肥补助政策

中央财政安排测土配方施肥专项资金 7 亿元，深入推进测土配方施肥，结合"到 2020 年化肥使用量零增长行动"，选择一批重点县开展化肥减量增效试点。创新实施方式，依托新型经营主体和专业化农化服务组织，集中连片整体实施，促进化肥减量增效、提质增效，着力提升科学施肥水平。项目区测土配方施肥技术覆盖率达到 90％以上，畜禽粪便和农作物秸秆养分还田率显著提高，配方肥推广面积和数量实现"双增"，主要农作物施肥结构、施肥方式进一步优化。

（二）耕地轮作休耕试点政策

农业部提出今后 5 年轮作休耕试点的思路原则、目标任务、技术路径、重点区域、补助标准和保障措施。总的考虑，坚持生态优先、轮作为主、休耕为辅、自然恢复的方针，以保障国家粮食安全和不影响农民收入为前提，突出重点区域、加大政策扶持、强化科技支撑，加快构建用地养地结合的耕作制度体系。对于轮作，重点在"镰刀弯"地区开展试点，探索建立粮豆、粮油、粮饲等轮作制度。对于休耕，选择地下水漏斗区、重金属污染区、生态严重退化地区，探索建立季节性、年度性休耕模式，促进资源永续利用和农业持续发展。按照五中全会建议说明中提出的"对休耕农民给予必要的粮食或现金补助"的要求，农业部会同有关部门在整合现有项目资金的同时，结合湖南重金属污染区综合治理试点和河北地下水超采综合治理试点项目，支持开展耕地轮作休耕制度试点。

（三）菜果茶标准化创建支持政策

为解决蔬菜供应问题，农业部在园艺作物标准化创建支持政策中启动了北方城市冬季设施蔬菜开发试点,力争形成南方蔬菜生产基地建设与北方城市设施蔬菜开发统筹协调,黄土高原、云贵高原和北部高纬度地区夏秋蔬菜,华南及西南、长江流域地区冬春蔬菜,黄淮海及环渤海地区重点设施蔬菜档期互补的生产布局。今后,在园艺作物标准化创建项目的资金安排上,将加大对种植大户、专业化合作社和龙头企业发展适度规模化生产的支持力度,进一步推进园艺作物生产的标准化、规模化、产业化。

(四)化肥、农药零增长支持政策

按照《到 2020 年化肥使用量零增长行动方案》的要求,以用肥量大的玉米、蔬菜、水果等作物为重点,选择一批重点县开展化肥减量增效试点。一是大力推广化肥减量增效技术。依托规模化新型经营主体,建立化肥减量增效示范区,示范带动农户采用化肥减量增效技术,推进农机农艺结合改进施肥方式,提高化肥利用率。二是大力推动配方肥到田。开展农企合作推广配方肥活动,探索实施配方肥、有机肥到田补贴,推动配方肥、有机肥和高效新型肥料进村入户到田,优化肥料使用结构。三是大力推进社会化服务。积极探索政府购买服务有效模式,充分利用现代信息技术和电子商务平台,支持社会化农化服务组织开展科学施肥服务,深入开展测土配方施肥手机信息服务。

按照《到 2020 年农药使用量零增长行动方案》,大力推进统防统治、绿色防控、科学用药,减少农药使用量,提高利用率。一是推进统防统治与绿色防控融合。结合实施重大农作物病虫害统防统治补助项目,扶持专业化服务组织,推进统防统治与绿色防控融合,实现病虫综合防治、农药减量控害。二是开展蜜蜂授粉与病虫害绿色防控技术集成示范。扶持建立一批示范区,组装集成技术模式,推广绿色防控技术,保护利用蜜蜂授粉,实现增产、提质、增收及农药减量。三是实施低毒生物农药示范补贴试点。

（五）耕地保护与质量提升补助政策

中央财政安排专项资金8亿元，在全国部分县（场、单位）开展耕地质量建设试点。按照因地制宜、分类指导、综合施策的原则，推广应用秸秆还田、增施有机肥、种植绿肥等技术模式。一是退化耕地综合治理。重点是南方土壤酸化（包括潜育化）和北方土壤盐渍化的综合治理。施用石灰和土壤调理剂，开展秸秆还田或种植绿肥等。二是污染耕地阻控修复。重点是土壤重金属污染修复和白色（残膜）污染防控。施用石灰和土壤调理剂调酸钝化重金属，开展秸秆还田或种植绿肥等。三是土壤肥力保护提升。重点是秸秆还田、增施有机肥、种植绿肥。此外，中央财政安排专项资金5亿元，继续在东北四省区17个县（场）开展黑土地保护利用试点，综合运用复合型农艺措施，遏制黑土退化趋势，探索黑土地保护利用的技术模式和工作机制。

（六）加强高标准农田建设支持政策

中央一号文件明确要求，到2020年确保建成8亿亩、力争建成10亿亩集中连片、旱涝保收、稳产高产、生态友好的高标准农田，优先在粮食主产区建设确保口粮安全的高标准农田。目前，建设高标准农田的投资主要有，国土资源部国土整治、财政部农业综合开发、国家发改委牵头的新增千亿斤粮食产能田间工程建设和水利部农田水利设施建设补助等。

（七）设施农用地支持政策

国土资源部、农业部联合印发了《关于进一步支持设施农业健康发展的通知》（国土资发〔2014〕127号），进一步完善了设施农用地支持政策。一是将规模化粮食生产所必需的配套设施用地纳入"设施农用地"范围。在原有生产设施用地和附属设施用地基础上，明确"配套设施用地"为设施农用地。将农业专业大户、家庭农场、农民合作社、农业企业等从事规模化粮食生产所必需的配套设施用地,包括凉晒场、粮食烘干设施、粮食和农资临时存放场所、大型农机具临时存放场所等设施用地按照农用地管理。二是将设施农用地由"审核制"改为"备案制"。按照国务院清理行政审批事项的要求,设施农用地实行备案制管理,细化用地原则、标准和规模等规定,强化乡镇、县级人民政府和国土、农业部门监管职责。三是细化设施农用地管理要求。明确设施农用地占用耕地不需补充耕地,使用后复垦,解决了"占一补一"难题。鼓励地方政府统一建设公用设施,提高农用设施利用效率。对于非农建设占用设施农用地的,应依法办理农用地转用手续并严格执行耕地占补平衡规定。

（八）种植业结构调整政策

农业部制定下发《农业部关于"镰刀弯"地区玉米结构调整的指导意见》,提出通过适宜性调整、种养结合型调整、生态保护型调整、种地养地结合型调整、有保有压调整、围绕市场调整等路径,调整优化非优势区玉米结构,力争到 2020 年,"镰刀弯"地区玉米面积调减 5 000 万亩以上。重点发展青贮玉米、大豆、优质饲草、杂粮杂豆、春小麦、经济林果和生态功能型植物等,推动农牧紧密结合、产业深度融合,促进农业效益提升和产业升级。农业部整合项目资金,支持"镰刀弯"地区开展种植结构调整,改变玉米连作模式,实现用地养地相结合,促进农业可持续发展。同时,中央财政安排 1 亿元资金,支持开展马铃薯产业开发试点,研发不同马铃薯粉配比的馒头、面条、米线及其他区域性特色产品,改善居民饮食结构,打造小康社会主食文化。

（九）推进现代种业发展支持政策

国家继续推进种业体制改革,强化种业政策支持,促进现代种业发展。一是深入推进种业领域科研成果权益改革。在总结权益改革试点经验基础上,研究出台种业领域科研成果权益改革指导性文件，通过探索实践科研成果权益分享、转移转化和科研人员分类管理政策机制，激发创新活力，释放创新潜能，促进科研人员依法有序向企业流动，切实将改革成果从试点单位扩大到全国种业领域，推动我国种业创新驱动发展和种业强国建设。二是推进现代种业工程建设。根据《"十三五"现代种业工程建设规划》和年度投资指南要求，建设国家农作物种质资源保存利用体系、品种审定试验体系、植物新品种测试体系以及品种登记及认证测试能力建设，支持育繁推一体化种子企业加快提升育种创新能力。

（十）农产品质量安全县创建支持政策

近年将逐步扩大创建范围，力争 5 年内基本覆盖"菜篮子"产品主产县，同时提升创建县的农产品质量安全监管能力和水平，做到"五化"（生产标准化、发展绿色化、经营规模化、产品品牌化、监管法治化），实现"五个率先"（率先实现网格化监管体系全建立、率先实现规模基地标准化生产全覆盖、率先实现从田头到市场到餐桌的全链条监管、率先实现主要农产品质量全程可追溯、率先实现生产经营主体诚信档案全建立），成为标准化生产和依法监管的样板区。

（十一）"粮改饲"支持政策

国家启动实施"粮改饲"试点工作，中央财政投入资金 3 亿元，在河北、山西、内蒙古、辽宁、吉林、黑龙江、陕西、甘肃、宁夏和青海 10 省区，选择 30 个牛羊养殖基础好、玉米种植面积较大的县开展以全株青贮玉米收储为主的粮改饲试点工作。国家将继续实施粮改饲试点项目，并进一步增加资金投入，扩大实施范围。

（十二）畜牧良种补贴政策

我国近年投入畜牧良种补贴资金 12 亿元，主要用于对项目省养殖场（户）购买优质种猪（牛）精液或者种公羊、牦牛种公牛给予价格补贴。生猪良种补贴标准为每头能繁母猪 40 元；肉牛良种补贴标准为每头能繁母牛 10 元；羊良种补贴标准为每只种公羊 800 元；牦牛种公牛补贴标准为每头种公牛 2 000 元。奶牛良种补贴标准为荷斯坦牛、娟姗牛、奶水牛每头能繁母牛 30 元，其他品种每头能繁母牛 20 元，并开展优质荷斯坦种用胚胎引进补贴试点，每枚补贴标准 5 000 元。2018 年国家继续实施畜牧良种补贴政策。

（十三）畜牧标准化规模养殖支持政策

中央财政共投入资金 13 亿元支持发展畜禽标准化规模养殖。其中，中央财政安排 10 亿元支持奶牛标准化规模养殖小区（场）建设，安排 3 亿元支持内蒙古、四川、西藏、甘肃、青海、宁夏、新疆以及新疆生产建设兵团肉牛、肉羊标准化规模养殖场（小区）建设。支持资金主要用于养殖场（小区）水电路改造、粪污处理、防疫、挤奶、质量检测等配套设施建设等。2018 年国家继续支持奶牛、肉牛和肉羊的标准化规模养殖。

（十四）振兴奶业支持苜蓿发展政策

为提高我国奶业生产和质量安全水平，从 2012 年起，农业部和财政部实施"振兴奶业苜蓿发展行动"，中央财政每年安排 3 亿元支持高产优质苜蓿示范片区建设，片区建设以 3 000 亩为一个单元，一次性补贴 180 万元（每亩 600 元），重点用于推行苜蓿良种化、应用标准化生产技术、改善生产条件和加强苜蓿质量管理等方面。2018 年继续实施"振兴奶业苜蓿发展行动"，在河北、天津等 14 个奶牛主产省和苜蓿主产省建设 50 万亩高产优质苜蓿示范基地。

（十五）退耕还林还草支持政策

2015 年 12 月，财政部、国家发改委、国家林业局、国土资源部、农业部、水利部、环境保护部、国务院扶贫办等八部门联合印发了《关于扩大新一轮退耕还林还草规模的通知》，明确扩大新一轮退耕还林还草规模的主要政策有四个方面：一是将确需退耕还林还草的陡坡耕地基本农田调整为非基本农田。由各有关省在充分调查并解决好当前群众生计的基础上，研究拟定区域内扩大退耕还林还草的范围。二是加快贫困地区新一轮退耕还林还草进度。从 2016 年起，重点向扶贫开发任务重、贫困人口较多的省倾斜。三是及时拨付新一轮退耕还林还草补助资金。为确保各地结合实际做到宜林则林、宜草则草，新一轮退耕还草的补助标准为：退耕还草每亩补助 1 000 元（其中中央财政专项资金安排现金补助 850 元、国家发改委安排种子种草费 150 元），退耕还草补助资金分两次下达，每亩第一年 600 元（其中种子种草费 150 元）、第三年 400 元。四是认真研究在陡坡耕地梯田、重要水源地、15°～25°坡耕地以及严重污染耕地退耕还林还草。

（十六）动物防疫补助政策

我国动物防疫补助政策主要包括五个方面：一是重大动物疫病强制免疫疫苗补助政策。国家对高致病性禽流感、口蹄疫、高致病性猪蓝耳病、猪瘟、小反刍兽疫等动物疫病实行强制免疫政策。强制免疫疫苗由省级财政部门会同省级畜牧兽医行政主管部门统一组织招标采购。上述重大动物疫病强制免疫疫苗经费由中央财政和地方财政按比例分担，养殖场（户）无须支付疫苗费用。二是动物疫病强制扑杀补助政策。国家对因高致病性禽流感、口蹄疫、高致病性猪蓝耳病、小反刍兽疫发病的动物及同群动物，布鲁菌病、结核病阳性奶牛实施强制扑杀。对因上述疫病扑杀畜禽给养殖者造成的损失予以补助，经费由中央财政、地方财政和养殖场（户）按比例承担。三是基层动物防疫工作补助政策。补助经费主要用于支付村级防疫员从事畜禽强制免疫等基层动物防疫工作的劳务补助。四是养殖环节病死猪无害化处理补助政策。对养殖环节病死猪无害化处理给予每头 80 元的补助，由中央和地方财政分担，中央财政对一、

二、三类地区分别给予 60 元、50 元、40 元补助，地方财政分别承担 20 元、30 元、40 元。五是生猪定点屠宰环节病害猪无害化处理补贴政策。对屠宰环节病害猪损失和无害化处理费用予以补贴，病害猪损失财政补贴标准为每头 800 元，无害化处理标准为每头 80 元，补助经费由中央和地方财政共同承担。中央负担部分采取一般转移支付方式定额拨付地方。

（十七）农产品产地初加工补助政策

农业新型农民是指运营掌握农业生产经营所需的资源、资本，在为农民专业合作组织、农业企业或业主谋求最大经济效益的同时，从中获得佣金或红利的农业技能人才。

中央财政安排资金 9 亿元用于实施农产品产地初加工补助政策。补助政策将进一步突出扶持重点，向优势产区、新型农业经营主体、老少边穷地区倾斜。强化集中连片建设，实施县原则上调整数量不超过上年的 30%。提高补贴上限，每个专业合作社补助贮藏设施总库容不超过 800 吨（数量不超过 5 座），每个家庭农场补助贮藏设施总库容不超过 400 吨（数量不超过 2 座）。

（十八）发展休闲农业和乡村旅游项目支持政策

中央一号文件明确提出要大力发展休闲农业和乡村旅游。农业部将积极推动落实 11 部门联合印发的《关于积极开发农业多种功能大力促进休闲农业发展的通知》精神，主要包括积极探索有效方式，改善休闲农业和乡村旅游重点村基础服务设施，鼓励建设功能完备、特色突出、服务优良的休闲农业专业村和休闲农业园；鼓励通过盘活农村闲置房屋、集体建设用地、"四荒地"、可用林场和水面等资产发展休闲农业和乡村旅游；加强品牌培育，开展全国休闲农业和乡村旅游示范县示范点创建活动、中国最美休闲乡村推介、中国重要农业文化遗产认定、休闲农业和乡村旅游星级企业创建活动等。

（十九）种养业废弃物资源化利用支持政策

中央一号文件明确提出继续实施种养业废弃物资源化利用。一是支持种植业废弃物资源化利用。农业部联合国家发展改革委、财政部在甘肃、新疆等 10 个省（区）和新疆生产建设兵团的 229 个县（区、团场）累计投资 9.01 亿元，实施以废旧地膜回收利用为主的农业清洁生产示范项目，新增残膜加工能力 18.63 万吨，新增回收地膜面积 6 309.9 万亩。二是支持养殖业废弃物资源化利用。

资金主要用于对畜禽粪便综合处理利用的主体工程、设备（不包括配套管网及附属设施）及其运行进行补助。通过项目实施，探索形成能够推广的畜禽粪便等农业农村废弃物综合利用的技术路线和商业化运作模式。中央财政安排 1.4 亿元，继续实施农业综合开发秸秆养畜项目，带动全国秸秆饲料化利用 2.2 亿吨。2018 年，上述项目在调整完善后将继续实施。

（二十）农村沼气建设支持政策

农业部拟会同国家发展改革委继续支持规模化生物天然气工程试点项目和规模化大型沼气工程建设，进一步探索创新扶持政策和体制机制，使农村沼气工程向规模发展、生态循环、综合利用、智能管理、效益拉动方向转型升级。生物天然气工程需日产生物天然气 1 万米³ 以上，鼓励地方政府增加对试点项目所产生物天然气全额收购或开展配额保障收购试点。规模化大型沼气工程（不含规模化生物天然气工程）需厌氧消化装置总体容积 500 米³ 以上，支持能够有效推进农牧结合和种养循环、实现"三沼"充分利用、促进生态循环农业发展的工程项目，重点支持沼气工程全程智能控制、沼肥智慧化加工应用、带动附加产业融合发展的项目。原来的户用沼气、中小型沼气、服务网点等项目由各省自行建设。

（二十一）培育新型职业农民政策

中央财政安排 13.9 亿元农民培训经费，继续实施新型职业农民培育工程，在全国 8 个整省、30 个市和 500 个示范县（含100 个现代农业示范区）开展重点示范培育，探索完善教育培训、规范管理、政策扶持"三位一体"的新型职业农民培育制度体系。实施新型农业经营主体带头人轮训计划，以专业大户、家庭农场主、农民合作社骨干、农业企业新型农民为重点对象，强化教育培训，提升创业兴业能力。继续实施现代青年农场主培养计划，新增培育对象 1 万名。

（二十二）基层农技推广体系改革与建设补助政策

中央财政继续安排 26 亿元资金，支持各地加强基层农技推广体系改革与建设，以服务主导产业为导向，以提升农技推广服务效能为核心，以加强农技推广队伍建设为基础，以服务新型农业生产经营主体为重点，健全管理体制，激活运行机制，形成中央地方齐抓共管、各部门协同推进、产学研用相结合的农技推广服务新格局。中央财政资金主要用于农业科技示范基地建设、基层农技人员培训、科技示范户培育、农技人员推广服务补助等。

（二十三）培养农村实用人才政策

我国继续开展农村实用人才带头人和大学生村官示范培训工作，全年计划举办 170 余期示范培训班，面向全国特别是贫困地区遴选 1.7 万多名村"两委"成员、家庭农场主、农民合作社负责人和大学生村干部等免费到培训基地考察参观、学习交流。全面推进以新型职业农民为重点的农村实用人才认定管理，积极推动有关扶持政策向高素质现代农业生产经营者倾斜。

（二十四）扶持家庭农场发展政策

国家有关部门将采取一系列措施引导支持家庭农场健康稳定发展，主要包括：建立农业部门认定家庭农场名录，探索开展新型农业经营主体生产经营信息直连直报。继续开展家庭农场全面统计和典型监测工作。鼓励开展各级示范家庭农场创建，推动落实涉农建设项目、财政补贴、税收优惠、信贷支持、抵押担保、农业保险、设施用地等相关政策。加大对家庭农场经营者的培训力度，鼓励中高等学校特别是农业职业院校毕业生、新型农民和农村实用人才、务工经商返乡人员等兴办家庭农场。

（二十五）扶持农民合作社发展政策

国家鼓励发展专业合作、股份合作等多种形式的农民合作社，加强农民合作社示范社建设，支持合作社发展农产品加工流通和直供直销，积极扶持农民发展休闲旅游业合作社。扩大在农民合作社内部开展信用合作试点的范围，建立风险防范化解机制，落实地方政府监管责任。

（二十六）扶持农业产业化发展政策

中央一号文件明确提出完善农业产业链与农民的利益联结机制，促进农业产加销紧密衔接、农村一二三产业深度融合，推进农业产业链整合和价值链提升，让农民共享产业融合发展的增值收益。国家有关部委将支持农业产业化龙头企业建设稳定的原料生产基地、为农户提供贷款担保和资助订单农户参加农业保险。深入开展土地经营权入股发展农业产业化经营试点，引导农户自愿以土地经营权等入股龙头企业和农民合作社，采取"保底收益＋按股分红"等方式，让农民以股东身份参与企业经营、分享二三产业增值收益。加快一村一品专业示范村镇建设，支持示范村镇培育优势品牌，提升产品附加值和市场竞争力，推进产业提档升级。

（二十七）农业电子商务支持政策

中央一号文件明确提出促进农村电子商务加快发展。农业部会同国家发改委、商务部制定的《推进农业电子商务行动计划》提出开展两年一次的农业农村信息化示范基地申报认定工作，并向农业电子商务倾斜。农业部与商务部等 19 部门联合印发的《关于加快发展农村电子商务的意见》提出鼓励具备条件的供销合作社基层网点、农村邮政局所、村邮站、信息进村入户村级信息服务站等改造为农村电子商务服务点。支持种养大户、家庭农场、农民专业合作社等对接电商平台，重点推动电商平台开设农业电商专区、降低平台使用费用和提供互联网金融服务等，实现"三品一标""名特优新""一村一品"农产品上网销售。鼓励新型农业经营主体与城市邮政局所、快递网点和社区直接对接，开展生鲜农产品"基地＋社区直供"电子商务业务。组织相关企业、合作社，依托电商平台和"万村千乡"农资店等，提供测土配方施肥服务，并开展化肥、种子、农药等生产资料电子商务，推动放心农资进农家。以返乡高校毕业生、返乡青年、大学生村干部等为重点，培养一批农村电子商务带头人和实用型人才。引导具有实践经验的电商从业者返乡创业，鼓励电子商务新型农民到农村发展。进一步降低农村电商人才就业保障等方面的门槛。指导具有特色商品生产基础的乡村开展电子商务，吸引农民工返乡创业就业，引导农民立足农村、对接城市，探索农村创业新模式。农业部印发的《农业电子商务试点方案》提出，在北京、河北、吉林、湖南、广东、重庆、宁夏等 7 省（区、市）重点开展鲜活农产品电子商务试点，吉林、黑龙江、江苏、湖南等 4 省重点开展农业生产资料电子商务试点，北京、海南开展休闲农业电子商务试点。此外，农业部还将组织阿里巴巴、京东、苏宁等电商企业与现代农业示范区、农产品质量安全县、农业龙头企业对接，加快农业电子商务发展。

（二十八）发展多种形式适度规模经营政策

中央一号文件明确提出，要充分发挥多种形式适度规模经营在农业机械和科技成果应用、绿色发展、市场开拓等方面的引领功能。土地流转和适度规模经营必须从国情出发，要尊重农民意愿，因地制宜、循序渐进，不能搞大跃进，不能强制推动。土地流转要坚持农村土地集体所有权，稳定农户承包权，放活土地经营权，以家庭承包经营为基础，推进家庭经营、集体经营、合作经营、企业经营等多种经营方式共同发展；要坚持规模适度，既注重提升土地经营规模，又防止土地过度集中，兼顾公平与效率，提高劳动生产率、土地产出率和资源利用率；要坚持市场在资源配置中起决定性作用和更好发挥政府作用，依法推进土地经营权有序流转，鼓励和引导农户自愿互换承包地块实现连片耕种。鼓励和支持承包土地向专业大户、家庭农场、农民合作社流转，发展多种形式的适度规模经营。各地要依据自然经济条件、农村劳动力转移情况、农业机械化水平等因素，研究确定本地区土地规模经营的适宜标准。防止脱离实际、违背农民意愿，片面追求超大规模经营的倾向。现阶段，对土地经营规模相当于当地户均承包地面积 10～15 倍、务农收入相当于当地二、三产业务工收入的，应当给予重点扶持。完善财税、信贷保险、用地用电、项目支持等政策，加快形成培育新型农业经营主体的政策体系。支持多种类型的新型农业服务主体开展代耕代种、联耕联种、土地托管等专业化规模化服务。

（二十九）政府购买农业公益性服务机制创新试点政策

按照县域试点、省级统筹、行业指导、稳步推进的思路，选择部分具备条件的地区，针对公益性较强、覆盖面广、农民急需、收益相对较低的农业生产性服务关键领域和关键环节，以统防统治、农机作业、粮食烘干、集中育秧、统一供种、动物防疫、畜禽粪便及废弃物处理等普惠性服务为重点，围绕购买服务内容、承接服务主体资质、购买服务程序、服务绩效评价和监督管理机制等，引入市场机制，开展试点试验，创新农业公益性服务供给机制和实现方式，着力构建多层次、多形式、多元化的服务供给体系，提升社会化服务的整体水平和效率。

在深入总结第一批试点经验的基础上，启动实施第二批试点，完善工作机制，加强指导服务，进一步探索实践，为推动在全国面上实施政府购买农业公益性服务积累经验。

（三十）农村土地承包经营权确权登记颁证政策

中央继续扩大试点范围，在山东、四川、安徽整省试点的基础上，又选择江苏、江西、湖北、湖南、甘肃、宁夏、吉林、贵州、河南等 9 个省（区）开展整省试点，其他省（区、市）根据本地情况，扩大开展以县为单位的整体试点。

（三十一）推进农村集体产权制度改革政策

各地要根据不同资产类型和不同地区条件，分类施策，稳步推进农村集体产权制度改革。在确认农村集体经济组织成员身份，全面开展农村集体资产清产核资的基础上，对土地等资源性资产，重点是抓紧抓实土地承包经营权确权登记颁证工作，实行物权保护。

对经营性资产，要坚持试点先行，由点及面，重点是将资产以股份或份额形式量化到本集体经济组织成员，更好地保障农民的集体收益分配权，发展多种形式的股份合作；对非经营性资产，重点是探索有利于提高公共服务能力的集体统一运行管护机制。健全农村集体"三资"管理监督和收益分配制度。发挥集体经济组织经营管理功能。建立符合实际需求的农村产权流转交易市场，保障农村产权依法自愿公开公正有序交易。

（三十二）村级公益事业一事一议财政奖补政策

村级公益事业一事一议财政奖补，是政府对村民一事一议筹资筹劳开展村级公益事业建设进行奖励或补助的政策，财政奖补资金主要由中央和省级以及有条件的市、县财政安排。奖补范围主要包括，农民直接受益的村内小型水利设施、村内道路、环卫设施、植树造林等公益事业建设，优先解决群众最需要、见效最快的公益事业建设项目。财政奖补既可以是资金奖励，也可以是实物补助。

（三十三）农业保险支持政策

目前，中央财政提供农业保险保费补贴的品种包括种植业、养殖业和森林3大类，共15个品种，覆盖了水稻、小麦、玉米等主要粮食作物以及棉花、糖料作物、畜产品等，承保的主要农作物突破14.5亿亩，占全国播种面积的59％，三大主粮作物平均承保覆盖率超过70％。各级财政对保费累计补贴达到75％以上，其中中央财政一般补贴35％～50％，地方财政还对部分特色农业保险给予保费补贴，构建了"中央支持保基本，地方支持保特色"的多层次农业保险保费补贴体系。

保监会、财政部、农业部联合下发《关于进一步完善中央财政保费补贴型农业保险产品条款拟定工作的通知》，推动中央财政保费补贴型农业保险产品创新升级，在几个方面取得了重大突破。一是扩大保险范围。要求种植业保险主险责任要涵盖暴雨、洪水、冰雹、冻灾、旱灾等自然灾害，以及病虫草鼠害等。养殖业保险将疾病、疫病纳入保险范围，并规定发生高传染性疾病政府实施强制扑杀时，保险公司应对投保户进行赔偿（赔偿金额可扣除政府扑杀补贴）。二是提高保障水平。要求保险金额覆盖直接物化成本或饲养成本，鼓励开发满足新型经营主体的多层次、高保障产品。三是降低理赔门槛。要求种植业保险及能繁母猪、生猪、奶牛等按头（只）保险的大牲畜保险不得设置绝对免赔，投保农作物损失率在80％以上的视作全部损失，降低了赔偿门槛。四是降低保费费率。以农业大省为重点，下调保费费率，部分地区种植业保险费率降幅接近50％。

财政部出台《关于加大对产粮大县三大粮食作物农业保险支持力度的通知》，规定省级财政对产粮大县三大粮食作物农业保险保费补贴比例高于25％的部分，中央财政承担高出部分的50％。政策实施后，中央财政对中西部、东部的补贴比例将由目前的40％、35％，逐步提高至47.5％、42.5％。

（三十四）财政支持建立全国农业信贷担保体系政策

财政部、农业部、银监会联合下发《关于财政支持建立农业信贷担保体系的指导意见》（财农〔2015〕121号），提出力争用3年时间建立健全具有中国特色、覆盖全国的农业信贷担保体系框架，为农业尤其是粮食适度规模经营的新型经营主体提供信贷担保服务，切实解决农业发展中的"融资难""融资贵"问题，支持新型经营主体做大做强，促进粮食稳定发展和农业现代化建设。

全国农业信贷担保体系主要包括国家农业信贷担保联盟、省级农业信贷担保机构和市、县农业信贷担保机构。中央财政利用粮食适度规模经营资金对地方建立农业信贷担保体系提供资金支持，并在政策上给予指导。财政出资建立的农业信贷担保机构必须坚持政策性、专注性和独立性，应优先满足从事粮食适度规模经营的各类新型经营主体的需要，对新型经营主体的农业信贷担保金额不得低于总担保规模的70%。在业务范围上，可以对新型经营主体开展粮食生产经营的信贷提供担保服务，包括基础设施、扩大和改进生产、引进新技术、市场开拓与品牌建设、土地长期租赁、流动资金等方面，还可以逐步向农业其他领域拓展，并向与农业直接相关的二、三产业延伸，促进农村一、二、三产业融合发展。

三、农业保险政策

政策性农业保险是由政府主导、组织和推动，由财政给予保费补贴或政策扶持，按商业保险规则运作，以支农、惠农和保障"三农"为目的的一种农业保险。政策性农业保险的标的划分为：种植面积广、关系国计民生、对农业和农村经济社会发展有重要意义的农作物，包括水稻、小麦、油菜。为促进生猪产业稳定发展，对有繁殖能力的母猪也建立了重大病害、自然灾害、意外事故等商业保险，财政给予一定比例的保费补贴。

政策性农业保险险种主要包括：

（一）农作物保险

发生较为频繁和易造成较大损失的灾害风险，如水灾、风灾、雹灾、旱灾、冻灾、雨灾等自然灾害以及流行性、暴发型病虫害和动植物疫情等。对于水稻、小麦、油菜等主要参保品种，各级财政保费补贴 60%，农户缴纳 40%。

（二）能繁育母猪保险

政府为了解决饲养户的后顾之忧，提高饲养户的养猪积极性，平抑目前市场的猪肉价格，进一步降低养殖能繁母猪的风险，政府对能繁母猪实行政策性保险制度，出台了"母猪保险"。能繁母猪保险责任为重大病害、自然灾害和意外事故所引致的能繁母猪直接死亡。因人为管理不善、故意和过失行为以及违反防疫规定或发病后不及时治疗所造成的能繁母猪死亡，不享受保额赔付。能繁母猪保险保费由财政补贴 80%，饲养者承担 20%，即每头能繁母猪保额（赔偿金额）1 000 元，保费60 元，其中各级财政补贴 48 元，饲养者承担 12 元。

（三）农业创业者参加政策性农业保险的好处

一是可以享受国家财政的保险费补贴；二是发生保险责任内的自然灾害或意外事故，能够迅速得到补偿，可以尽快恢复再生产；三是可以优先享受到小额信贷支持；四是能够从政府有关方面得到防灾防损指导和丰产丰收信息。

四、农业金融扶持政策

为加快发展高效外向农业，提高农业产业化水平，促进农业增效、农民增收，鼓励和吸引多元化资本投资开发农业，鼓励投资者兴办农业龙头企业，鼓励科研、教学、推广单位到项目县基地实施重大技术推广项目，国家或有关部门对这些项目下拨专门指定用途或特殊用途的专项资金予以补助。这些专项资金都会要求进行单独核算，专款专用，不能挪作他用。补助的专项资金视项目承担的主体情况，分别采取直接补贴、定额补助、贷款贴息以及奖励等多种扶持方式。

（一）专项资金补助类型

高效设施农业专项资金，重点补助新建、扩建高效农产品规模基地设施建设。

农业产业化龙头企业发展专项资金，重点补助农业产业化龙头企业及产业化扶贫龙头企业，对于扩大基地规模、实施技术改造、提高加工能力和水平给予适当奖励。

外向型农业专项资金，重点补助新建、扩建出口农产品基地建设及出口农产品品牌培育。

农业三项工程资金，包括农产品流通、农产品品牌和农业产业化工程的扶持资金，重点是基因库建设。

农产品质量建设资金，重点补助新认定的无公害农产品产地、全程质量控制项目及无公害农产品、绿色、有机食品获证奖励。

农民专业合作组织发展资金，重点补助"四有"农民专业合作经济组织，即依据有关规定注册，具有符合"民办、民管、民享"原则的农民合作组织章程；有比较规范的财务管理制度，符合民主管理决策等规范要求；有比较健全的服务网络，能有效地为合作组织成员提供农业专业服务；合作组织成员原则上不少于100户，同时具有一定产业基础。鼓励他们扩大生产规模、提高农产品初加工能力等。

海洋渔业开发资金，重点补助特色高效海洋渔业开发。

丘陵山区农业开发资金，重点补助丘陵地区农业结构调整和基础设施建设。

（二）补助对象、政策及标准

按照"谁投资、谁建设、谁服务，财政资金就补助谁"的原则，江苏省省级高效外向农业项目资金的补助对象主要为：种养业大户、农业产业化重点龙头企业、农产品加工流通企业、农产品出口企业、农民专业合作经济组织和农产品行业协会等市场主体，以及农业科研、教学和推广单位。为了推动养猪业的规模化产业化发展，中央财政对于养殖大户实施投资专项补助政策。主要包括：

年出栏 300～499 头的养殖场，每个场中央补助投资 10 万元。

年出栏 500～999 头的养殖场，每个场中央补助投资 25 万元。

年出栏 1 000～1 999 头的养殖场，每个场中央补助投资 50 万元。

年出栏 2 000～2 999 头的养殖场，每个场中央补助投资 70 万元。

年出栏 3 000 头以上的养殖场，每个场中央补助投资 80 万元。

为加快转变畜禽养殖方式，还对规模养殖实行"以奖代补"，落实规模养殖用地政策，继续实行对畜禽养殖业的各项补贴政策。

（三）财政贴息政策

财政贴息是政府提供的一种较为隐蔽的补贴形式，即政府代企业支付部分或全部贷款利息，其实质是向企业成本价格提供补贴。财政贴息是政府为支持特定领域或区域发展，根据国家宏观经济形势和政策目标，对承贷企业的银行贷款利息给予的补贴。政府将加快农村信用担保体系建设，以财政贴息政策等相关方式，解决种养业"贷款难"问题。为鼓励项目建设，政府在财政资金安排方面给予倾斜和大力扶持。农业财政贴息主要有两种方式：一是财政将贴息资金直接拨付给受益农业企业；二是财政将贴息资金拨付给贷款银行，由贷款银行以政策性优惠利率向农业企业提供贷款。为实施农业产业化提升行动，对于成长性好、带动力强的龙头企业给予财政贴息,支持龙头企业跨区域经营,促进优势产业集群发展。中央和地方财政增加农业产业化专项资金,支持龙头企业开展技术研发、节能减排和基地建设等。同时探索采取建立担保基金、担保公司等方式,解决龙头企业融资难问题。此外,为配合各种补贴政策的实施,各个省和市同时出台了较多的惠农政策。

(四)小额贷款政策

为促进农业发展,帮助农民致富,金融部门把扶持"高产、优质、高效"农业、帮助农民增收项目作为重点,加大小额贷款支农力度。明确要求基层信用社必须把65%的新增贷款用于支持农业生产,支持面不低于农村总户数的25%,还对涉及小额信贷的致富项目,在原有贷款利率的基础上,下浮30%的贷款利率。

(五)土地流转资金扶持政策

为加快构建强化农业基础的长效机制,引导农业生产要素资源合理配置,推动国民收入分配切实向"三农"倾斜,鼓励和引导农村土地承包经营权集中连片流转,促进土地适度规模经营,增加农民收入,中央财政设立安排专项资金扶持农村土地流转,用于扶持具有一定规模的、合法有序的农村土地流转,以探索土地流转的有效机制,积极发展农业适度规模经营。

五、农业税收优惠政策

对于独立的农村生产经营组织,可以享受国家现有的支持农业发展的税收优惠政策。《中华人民共和国农民专业合作社法》第五十二条规定,农民专业合作社享受国家规定的对农业生产、加工、流通、服务和其他涉农经济活动相应的税收优惠。支持农民专业合作社发展的其他税收优惠政策,由国务院规定。

第十一次全国人民代表大会指出:"全部取消了农业税、牧业税和特产税,每年减轻农民负担1 335亿元。同时,建立农业补贴制度，对农民实行粮食直补、良种补贴、农机具购置补贴和农业生产资料综合补贴，对产粮大县和财政困难县乡实行奖励补助。""这些措施，极大地调动了农民积极性，有力地推动了社会主义新农村建设，农村发生了历史性变化，亿万农民由衷地感到高兴。农业的发展，为整个经济社会的稳定和发展发挥了重要作用。"

第四章　提高创新、创业素养

第一节　推广农业科技

一、农业技术推广的方针和原则

(一) 农业技术与农业技术推广

农业技术，是指应用于种植业、林业、畜牧业、渔业的科研成果和实用技术，包括良种繁育、施用肥料、病虫害防治、栽培和养殖技术，农副产品加工保鲜、贮运技术，农业机械技术和农用航空技术，农田水利、土壤改良与水土保持技术，农村供水、农村能源利用和农业环境保护技术，农业气象技术以及农业经营管理技术等。

农业技术推广，是指通过试验、示范、培训、指导以及咨询服务等，把农业技术普及应用于农业生产产前、产中、产后全过程的活动。农业技术推广是科学与生产之间进行联系，促进科技成果和实用技术转化为直接生产力的桥梁，是科研成果的继续和延伸。

(二) 农业技术推广的方针

一是国家依靠科学技术进步和发展教育，振兴农村经济，加快农业技术的普及应用，发展高产、优质、高效益的农业；二是国家鼓励和支持科技人员开发、推广应用先进的农业技术、鼓励和支持农业劳动者和农业生产经营组织应用先进的农业技术；三是国家鼓励和支持引进国外先进的农业技术，促进农业技术推广的国际合作与交流。

（三）农业技术推广的原则

①有利于农业的发展；②尊重农业劳动者的意愿；③因地制宜，经过试验、示范；④国家、农业集体经济组织扶持；⑤实行科研单位、有关学校、推广机构与群众性科技组织、科技人员、农业劳动者相结合；⑥讲求农业生产的经济效益、社会效益和生态效益。

（四）政府和农业技术推广行政部门的职责

1. 政府在农业技术推广工作中的职责

《农业技术推广法》第七条对各级人民政府在农业技术推广工作中的职责作了明确规定。"各级人民政府应当加强对农业技术推广工作的领导，组织有关部门和单位采取措施，促进农业技术推广事业的发展"。这清楚地表明，各级人民政府在农业技术推广中负有两个方面的职责：一是有领导职责；二是有组织协调政府所辖与农业技术推广有关的部门和单位采取措施，支持并为农业技术推广提供保障、促进农业技术推广事业发展的职责。

2. 农业技术推广行政部门

在农业技术推广中的职责《农业技术推广法》第九条规定："国务院农业、林业、畜牧、渔业、水利等行政部门按照各自的职责，负责全国范围内的有关农业技术推广工作。县以上地方各级人民政府农业技术推广行政部门在同级人民政府领导下，按照各自的职责，负责本行政区域内有关的农业技术推广工作。同级人民政府科学技术行政部门对农业技术推广工作进行指导。"这一规定明确了农业技术推广的行政管理体制和管理范围。各级农业、林业、畜牧、渔业、水利等行政部门是同级农业技术推广的主管部门。各级农业技术推广行政部门负责本区域内的农业技术推广工作。同时，还明确了科学技术行政部门与农业技术推广之间的关系是指导关系。

二、农业技术推广体系

农业技术推广体系是农业社会化服务体系和国家对农业支持保护体系的重要组成部分，是实施科教兴农战略的重要载体。

（一）农业技术推广体系的构成

《农业技术推广法》第十条规定："农业技术推广，实行农业技术推广机构与农业科研单位、有关学校以及群众性科技组织、农民技术员相结合的推广体系。"可以看出我国的农业技术推广体系是由五个部分构成的，是多层次、多成分的农业技术推广体系。在农业技术推广体系构成的五个部分中，农业技术推广机构是专业技术推广机构，是代表国家从事农业技术推广工作的，是农业技术推广的主体及核心。

（二）国家专业农业技术推广机构的职责

乡镇以上各级国家专业农业技术推广机构的职责主要是：①参与制定农业技术推广计划并组织实施；②组织农业的专业技术培训；③提供农业技术、信息服务；④对确定的农业技术进行试验、示范；⑤指导下级农业技术推广机构、群众性科技组织和农民技术人员的农业技术推广活动。

三、农业技术的推广与应用

（一）农业技术推广项目的制定和实施

《农业技术推广法》第十七条对农业技术推广项目的制定和实施作了明确规定："推广农业技术应当制定农业技术推广项目。重点农业技术推广项目应当列入国家和地方有关科技发展计划，由农业技术推广行政部门和科学技术行政部门按照各自的职责，相互配合，组织实施。"重点农业技术推广项目，科学技术行政部门应当列入科技发展计划，并指导农业技术推广行政部门组织实施。

(二) 推广农业技术要农业科研、教育、推广相结合

农业科研、教育、推广三者之间有各自的功能和优势，把三者有机地结合起来，有利于发挥"三农"的整体功能和综合效益，推进农业科技进步，加快农业发展。《农业技术推广法》第十八条规定："农业科研单位和有关学校应当把农业生产中需要解决的技术问题列为研究课题，其科研成果可以通过农业技术推广机构推广，也可以由该农业科研单位、该有关学校直接向农业劳动者和农业生产经营组织推广。"上述规定强调了"三农"结合加快农业技术推广的作用，明确了农业科研、教育、推广各自的工作重点，并对农业科研和有关学校的技术成果推广问题进行了规范。

(三) 农业技术推广的无偿和有偿服务

农业技术推广的目的在于把先进、实用的农业技术普及应用于农业生产实践，从而促进农业生产的发展，是一种以社会效益为主的公益性事业。其本质是国家对农业扶持的一种形式。因此，向农业劳动者推广农业技术要避免增加他们的负担。《农业技术推广法》第二十二条规定，国家农业技术推广机构向农业劳动者推广农业技术除法定情形外，实行无偿服务。所以，国家农业技术推广机构所需要的经费，应由政府财政拨给。

为适应农村市场经济发展的需要，调动农业技术推广机构、农业科研单位、有关学校和科技人员开发、推广农业技术的积极性，弥补事业经费的不足，《农业技术推广法》第二十二条第二款规定："农业技术推广机构、农业科研单位、有关学校以及科技人员，以技术转让、技术服务和农业技术承包等形式提供农业技术的，可以实行有偿服务，其合法收入受法律保护。进行农业技术转让、技术服务和技术承包，当事人各方应当订立

合同，约定各自的权利和义务。"

（四）农业技术推广的法律责任

在农业技术推广中，为保护农业劳动者的利益，调动农业劳动者和农业生产经营组织采用农业技术的积极性，推广农业技术的组织和个人要保证其推广的农业技术在推广地区具有先进性和适用性，并且要按照农业劳动者自愿的原则推广应用，不得强行推广，否则应当承担农业技术推广的法律责任。《农业技术推广法》第十九条规定："向农业劳动者推广的农业技术，必须在推广地区经过试验，证明具有先进性和适用性。向农业劳动者推广未在推广地区经过试验证明具有先进性和适用性的农业技术，给农业劳动者造成损失的，应当承担民事赔偿责任，直接负责的主管人员和其他直接责任人可以由其所在单位或者上级机关给予行政处分。"第二十条规定："农业劳动者根据自愿的原则应用农业技术。任何组织和个人不得强制农业劳动者应用农业技术。强制农业劳动者应用农业技术，给农业劳动者造成损失的，应当承担民事赔偿责任，直接负责的主管人员和其他直接责任人可以由其所在单位或者上级机关给予行政处分。"这些法律责任的规定，是与农业技术推广应遵循的原则相呼应的。

第二节　发展现代农业

中国是一个农业人口众多的发展中国家，农业发展一直以来都是国民经济的重要环节，也是经济发展、社会稳定的重要基础。农业是安天下、稳民心的战略产业，事关我国现代化建设大计、民生大事，任何时候都不能动摇和削弱。目前，我国正处于工业化中后期、城镇化加速推进的关键时期，农业占GDP的比例虽然仅为10%左右，但农业的基础地位不仅不能改变，而且会更加突出和强化。农业的现代化发展关系着国家粮食安全，关系到 13 多亿人口的吃饭问题、6.4 亿农村人口的就业与增收问题，关系到我国工业化、城镇化、信息化发展的稳步推进，关系到统筹城乡、区域协调与可持续发展的长远战略。

一、农业是整个国民经济现代化的安全基石

农业是人类的衣食之源、生存之本。长期以来，我国农业在国民经济发展中扮演着十分重要的角色。"农业丰则基础强，农民富则国家盛，农村稳则社会安"，我国国民经济的持续快速发展得益于农业的基础作用。

从认知层面上看，早在新中国成立初期确定国家发展道路问题时，毛泽东就指出："我国是一个农业大国，发展工业必须和发展农业同时并举"，并提出了"以农业为基础，以工业为主导"的方针。进入 20 世纪 80 年代，邓小平在多次谈话中也强调，要坚持以农业为基础，强调把农业放在各项产业发展的首位。"确立以农业为基础、为农业服务的思想"。进入 21 世纪，党中央承前启后，创新性地提出了新时期农业现代化的发展战略，包括统筹城乡发展、农业产业化发展、区域农业持续发展，以及"科技兴农"发展战略，分别从空间、产业、区域和科技等层面，概括提出新时期农业现代化发展目标。

从实践层面上看，新中国成立到改革开放初期，我国农业发展的核心任务是为工业发展提供劳动力和原材料资源，国家实行了严格意义上的农村支援城市，农业支持工业的发展战略，工农产品价格"剪刀差"使农村居民的收入水平和生活水平明显低于城市居民，农业现代化的发展步伐相对较慢。党的十一届三中全会召开之后，随着改革开放战略的深入推进，我国工业化、城镇化进程也随之加速。特别是在党的十六大提出"五个统筹"背景下，统筹城乡发展、工业反哺农业、城市支持乡村的转型战略出台，为加快我国农业现代化发展提供了政策支持和支撑。国际实践经验证明，实现国家现代化，必须以农业

现代化作为保障和前提；实现国民经济的快速发展，必须将农业现代化作为发展的基石。

二、农业是中国繁荣农业农村经济的必由之路

农业现代化是我国农业与农村经济繁荣、持续发展的必由之路，是建设社会主义新农村的重要支撑和保障，是促进粮食生产稳定发展和农民持续增收的必然要求。中国农村发展的落后，首先是经济的落后。改变农村落后面貌，激活农村发展活力与创新能力，建设社会主义新农村，其首要任务是加快建设现代农业，繁荣农村经济，大力发展农村生产力，提高农民生活水平和生活质量。脱离了现代农业的发展，农村其他各项建设就会丧失坚实可靠的物质基础。

粮食生产稳定发展、农民收入持续增加，是我国农业与农村工作的两大基本目标和长期任务。虽然我国实现了粮食产量的十年持续增长，农民收入增幅也逐渐加大，但目前制约农业与农村发展的深层次矛盾尚未消除，促进粮食生产稳定发展、农民持续增收的长效机制尚未建立，耕地资源、水资源的约束不断加大，农业生产条件依然落后，农业经营效益仍然较低。当前和今后一个时期继续保持农业增产增收良好势头的基础并不牢固，促进农村经济增长的原动力日显不足，农业现代化发展成为解决这一问题的根本途径。

通过推进农业现代化，改善粮食生产条件，提高粮食综合生产能力。通过农业生产手段的现代化、生产技术的科学化、经营方式的规模化、生产服务的社会化、生产布局的区域化、基础设施的现代化，可以全面改善农业生产条件，提升农业综合竞争能力。通过完善和强化农业扶持政策，加强农业补贴的力度及其针对性，可以保障粮食生产的持续性和稳定性。

通过推进农业现代化，实现农业产业化经营，延长农业产业链，可以优化农业生产要素，不断提升农产品价值，扩大农

业就业范围，提高农业就业品质。因此，推进农业现代化能够让农业经营更有效益，让农民留在农村体面就业，让农业成为有奔头的产业。农民在农业现代化进程中不仅是重要的主导者，而且也应成为最大的受益者。

三、农业是"四化同步"发展基础和必然要求

农业现代化与工业化、信息化、城镇化发展应是一体的。从世界经济社会发展历程看，一些国家在工业化、城镇化建设进程中，注重同步推进农业现代化发展，出台优先支持农业的保护和扶持政策，从而平稳较快地迈进现代化国家行列。然而，有一些国家和地区，在工业化、城镇化发展过程中，忽视了农业现代化的基础性地位，结果出现了农业衰退、农村贫困、城乡差距拉大，以及城市失业人口过多、公共服务严重不足等现实问题，甚至导致社会动荡、经济萧条。改革开放以来，我国经济建设与社会发展的经验也充分证明，只有着眼于国民经济与社会发展全局，稳定农业生产和推进农业现代化，发挥工业化、信息化、城镇化对农业现代化的支持和带动作用，才能从根本上促进解决"三农"问题，推进城乡经济社会一体化发展。

农业现代化有利于推进工业化、城镇化的健康发展，关键在于农业现代化能够有效整合农村资源、提高农业生产效率，释放农村剩余劳动力和土地资源潜力，进而为城镇化和第二、三产业的协调发展提供劳动力与土地保障，促进城镇化的质量提高，推动工业化的持续发展。

加快工业化进程能够提升农业现代化水平，是因为工业化可带来制造业及相关非农产业部门在国内生产总值中所占比例的不断上升，增加农业科技含量和物质产品总量，降低农业材料与机械产品生产成本，实现农业机械化水平提高和农业生产效率提升，从而推动农业现代化。同样，健康的城镇化进程，能促使农业剩余劳动力向城镇第二、三产业转移，通过优化农

村人地关系，为农业规模经营、标准化生产提供重要物质基础、技术装备和土地保障。城镇化进程中土地非农化及其非农收益反哺农业，有利于激励农业生产效率的提高，进而促进集约农业、高效农业、园区农业、有机农业、工厂农业的兴起和发展，稳步推进农业现代化。

创新驱动是工业化、信息化、城镇化和农业现代化的不竭动力。工业化、城镇化进程中各类资源在城市集聚，总体上有利于促进科技创新、技术研发和应用推广。根据比较优势与市场需求准则，逐步形成中国特色农业科技创新与推广体系，促进农业科技水平稳步提高，为科技型、内涵式、高效性的现代农业发展创造优越条件。同时，大量进城务工的农村劳动力直接参与了工业化、城镇化进程，如果他们返乡创业建设家乡，能将城市地区较为先进的经营、管理经验和技能带回农村传播，有利于搭建城乡要素、产品自由交换的新平台，为现代农业新的要素组织、方式变革带来新的活力和动力，因而成为新时期中国农业现代化发展的重要推动力量。

四、农业是推进城乡一体化发展的重要途径

解决农业农村农民问题是全党工作重中之重，城乡发展一体化是解决'三农'问题的根本途径，将城乡一体化发展提升到前所未有的战略高度。通过完善城乡一体化发展的体制机制，促进城乡要素平等交换和公共资源均衡配置，形成以工促农、以城带乡、工农互惠、城乡一体的新型工农、城乡关系。

我国总体上已迈入工业化中后期阶段，但工业发展的基础仍然较为薄弱，核心竞争力不强。随着产业转型和生产方式转变，吸纳农村剩余劳动力的能力将会减弱。而且，随着资源环境约束的加大，我国工业发展在今后相当长一段时间内仍将面临巨大挑战。因此，我国不可能像日本、韩国和欧美发达国家一样，依靠工业大幅度补贴农业。从我国基本国情来看，在今

后相当长时期内，工业反哺农业、城镇支持农村会处于较低水平的初级阶段。我国人口城镇化率虽然已超过 50%，但据相关专家估算，真正享受到城镇居民待遇的城镇人口仅为 35% 左右。在未来一段时间内，解决已经进城人口的基础设施和公共服务设施配置都将成为城市发展面临的巨大挑战。城市经济发展对近郊区乡村的带动作用明显，但对广大的远郊区乡村，由于大多数城市处于加速发展阶段，加上城乡二元结构的体制约束，其辐射带动作用仍然十分有限。

总体上讲，我国城乡一体化发展仍处于工业反哺农业、城市支持乡村的初级阶段，仅仅依靠工业和城市的带动，远远不能解决农业、农村和农民的现实问题。只有通过大力推进农业现代化建设，不断增强农业发展的竞争力、农村发展的活力和农民创业的能力，提高农业接受工业反哺的效率，强化乡村接受城市带动的效益，才能真正实现城乡发展一体化。

五、农业现代化是农业、农村可持续发展的根本保障

我国是世界上人口最多的国家，农业自然资源的总量较大，但人均资源拥有量却偏小，人均耕地和水资源拥有量均不及世界平均值的一半。农业发展总体上是剩余劳动力多，但人均资源少；农产品产量高（总单产），但人均产出少；物质投入总量多，但人均量相对少。农业生产在满足人们生存需求的同时，也会给生态环境带来了许多消极影响。农业资源和能源的过度消耗，严重破坏了农村生态环境，导致农村地区生态环境恶化、水土流失、土地退化、生物多样性减少。同时，还带来日益严重的食品安全问题，威胁到城乡居民的正常生产生活，影响着农业与农村可持续发展。

农业现代化是破解水土资源约束难题，实现农业环境友好、资源节约型发展模式的根本途径，也是实现农业与农村可持续发展的根本保障。通过农业现代化发展，提高农业生产效率、

改善农业生产条件，使农业资源得到合理的开发利用。通过不断革新农业生产技术，创新农业生产理念，改善农业生产管理模式，推进循环农业、生态农业发展，进而减小对环境的影响和破坏，通过农业生产的生态化、高效化，促进农业与农村的可持续发展。

第三节 树立创新意识

一、创新的基础

一位民族文化巨人曾经说过：一个人不可能抓住自己的头发脱离地球。这句话中的思想内涵是广泛而又深刻的，至少告诉我们一个基本的人生道理：生活于社会中的人们绝不能脱离一定的社会环境，同时也不可能完全脱离环境而独立。只有在一定的生活环境中，人才能健康地成长起来。

与此相一致，一个人不可能割断自己与历史、与父辈间的脐带，而仅靠个人脑海里固有的东西成就一个完善的自我。一个人要立得更高，就必须站到父辈的肩上去。要想获得更大的成就，就不可能离开父辈的教育培养，不可能离开父辈们的成功经验的引导和挫折教训的启迪。同样，一个民族要变得更强大，就离不开全民族一代代人前仆后继的奋斗。这就是人类发展的基本规律。

今天，有些人被种种漂亮外衣包裹起来的所谓"新潮"所惑，准备"抓住自己的头发离开地球"。他们常常会产生错觉，认为父辈思想观念陈旧了，经验落伍了，行为表现土气了，跟不上时代发展步伐了。对于讲历史，讲传统，讲父辈们走过的路，他们不以为然，嗤之以鼻。然而，这些人恰恰忽视了父辈思想和经验给我们带来的巨大影响。如同华夏文化给整个中华民族带来的影响一样，民族文化是通过各种渠道进入每个人的思想中来,甚至深入到每一个人的血液中,不管你走到哪里,不管你居于什么样的国家,都不可能把民族文化的印迹从自己身上完全消除掉。我们的父辈在漫长的历史过程和艰苦卓绝的斗争中,以鲜血和生命凝成的经过历史验证的大量宝贵而又丰富的精神财富,也不可能从我们的生活中完全消除掉。换句话说,你可以否认这些精神财富的价值,却不能无视这些精神财富的存在;你可以不去主动地追求和接受它,却不可能不在生活中随时随地感知它,并受到潜移默化的影响。

很多成功者都是从贫困的农村和山区走出来的,父母纯朴的感情和自强不息、奋发进取精神的影响,就是成功的基本成因。他们从不为自己的出身而感到低人一等,恰恰相反,正是由于出生在农村或山区,他们才早早体味了痛苦、幸福、贫穷、富有这些人生的基本要素,从父辈的教诲中汲取着成功的精神营养。

也就是说,感人的事处处有,能感感人之事的心并非人人有,关键是看你能不能、是不是主动去接受父辈精神存在的陶冶与感动。实践证明,一个人的成长离不开父辈的培养。一个生活于当今社会的青年人,只有发自内心地想去"读"父辈那种遇艰难而不辍、遇曲折而不悔、为信仰和追求甘愿舍弃一切的精神,才能真正"读懂"其中最深沉、最本质、最可贵的东西,才可以找到人生的支点,找到正确思想感情与精神动力的源泉,找到成功的出路所在。

父辈在他们走过的人生道路上,创造的不仅是辉煌,也有失落;不仅有经验的可喜,也有教训的沉痛;不仅有甜蜜,也有苦涩……然而,正是因为有了他们那来自生活中实实在在、可感可见的人生体验,才足以成为我们人生的坐标,成为我们前进中作为判断和鉴别事物的参照系,才给我们以深深的教益,使我们更聪明,更深刻,更少犯错误,最终走向成功。

如果说在每一位伟人产生的背后,必然有一位伟大的父亲或母亲的话,那么,中华民族在我们这一代人手中屹立于世界民族之林,也离不开父辈奠定的坚实的基础,包含着父辈悲壮而又顽强的努力。

以发展的眼光来看,父辈的文化知识可能不如我们多,见识不如我们广,事业不如我们更辉煌。但谁又能否认,我们之所以比父辈表现得更出色,是因为我们站在了父辈坚实而又宽阔的肩上,是父辈以血汗培育出我们的辉煌。没有父辈的艰难曲折,就没有我们今天的存在,更没有我们明天的美好!

二、农业科技特派员的主要职责是什么?

农业科技特派员制度是以满足"农民增收、农村发展、农业增效"的科技需求为根本出发点,以市场机制为主、政府引导为辅,以科技人员利益、个人价值实现为导向,通过"利益共享、风险共担"机制建立利益共同体,使科技特派员与农民供求有机结合而形成自下而上的创新型农村社会化科技服务制度。科技特派员制度以科技为纽带,以农民和科技人员为主体,用市场机制重组现代生产要素,通过机制创新和制度创新把技术、人才、资金、管理等现代生产要素植根于农村,是我国农业技术推广体系的新生力量。

各地区结合实际情况,探索了各具特色的科技特派员试点工作的机制和模式,发展和丰富了科技特派员制度,初步形成了以西部地区为主,中部地区积极参与,逐步扩大至东部的格局,均取得了良好的经济和社会效益。

通过引入利益机制,科技人员以资金入股、技术参股等形式,与农民结成经济利益共同体,实行风险共担、利益共享,提高了科技服务的质量与效果;在科技特派员的选择上遵循供需双方择优选择的市场规律,根据农民需要,尊重科技人员意愿,充分调动了科技人员和农民的积极性,实现科技资源供给和农民科技需求的有效结合,提高了科技资源的配置效率,优

化了农业产业结构；科技特派员制度注重科技大户的示范带动
效应，结合当地资源特色开展产业化开发工作，把服务内容向
产前、产后延伸，由单一的技术服务向包括生产资料供应、信
息服务、市场销售等综合性服务转变，为建立农村科技推广体
系提供帮助。

第四节　新型职业农民的创业

一、抢抓农业创业的机遇

　　所谓"三农"问题，是指农业、农村、农民这三大问题。
中国是一个农业大国，农村人口接近 9 亿人，占全国人口 70%；
农业人口达 7 亿人，占产业总人口的 50.1%。"三农"问题的解
决必须考虑农业自身的体系化发展，还必须考虑三大产业之间
的协调发展。"三农"问题的解决关系重大，不仅是农民兄弟的
期盼，也是目前党和政府关注的大事。

　　近几年来中央连续 5 个一号文件都锁定在"三农"问题上。
按照"坚持以人为本，加强农业基础，增加农民收入，保护农
民利益，促进农村和谐"的目标和取向，利用好农业政策平台
是农业创业者必走的"捷径"。其特点是操作性强，导向明确，
重点突出，受益面大。在这个情况下，农业创业者则面临着前
所未有的政策机遇，这些优惠的农业政策为农业创业者进行创
业，提供了良好的创业机会。

二、确定农业创业项目

　　通过认识农业创业的优势后，创业者在创业时要做的第一
件事情就是要选择做什么行业，或者是打算办什么样的企业，
如在土地里选择种植什么、池塘里选择养殖什么、利用农产品
原料加工成什么新产品、为农业生产提供什么服务等，也就是

要选择农业创业项目，这是创业者在创业道路上迈出的至关重要的第一步。

（一）了解我国的行业分类

从总体说，我国的产业构成习惯上分为三大块。即：第一产业、第二产业、第三产业。

第一产业就是产业链上的原料业。我国指的是农业（包括林业、牧业和渔业等），有的国家把矿业也列为第一产业。

第二产业就是产业链上的制造业，指的是以第一产业的产品为原料进行加工制造或精炼的产业部门。各国划分的范围也不尽相同。我国的第二产业指工业和建筑业。

第三产业就是服务业，也指第一、第二产业以外的其他行业，即不直接从事物质产品生产、主要以劳务形式向社会提供服务的各个行业。如交通、电信、商业、饮食、金融、保险、法律咨询乃至文化教育、科学研究等行业。

依据1984年国家计划委员会、国家经济委员会、国家统计局、国家标准局联合发布的《国民经济行业分类和代码》，上述产业又可以进一步细分为13个门类：

（1）农、林、牧、渔、水利业。

（2）工业。

（3）地质普查、勘探业。

（4）建筑业。

（5）交通运输业和邮电通讯业。

（6）商业、公共饮食、物资供销和仓储业。

（7）房地产管理、公用事业、居民服务业和咨询服务业。

（8）卫生、体育和社会福利事业。

（9）教育、文化艺术和广播电视事业。

（10）科学研究和综合技术服务事业。

（11）金融、保险业。

（12）国家机关、党政机关和社会团体。

（13）其他行业。

在这 13 个门类的统属下，具体的小行业那可就千姿万态，不胜枚举了。

每位有心创业的农民朋友都不妨根据自己的职业兴趣，先从这三大产业群、13 个行业门类中寻找出大致方向，再一步步地逐渐细化，使自己的创业目标既明确具体，又合乎自己的兴趣与现实条件，成功的概率自然也就相对地更大了。

（二）如何选择创业好项目

（1）选择国家鼓励发展、有资金扶持的行业。这是选择好项目的先决条件。因为国家鼓励的行业都是前景好、市场需求大、加上资金扶持，较易成功。如现代农业、特色农业正是我国政府鼓励发展的行业。

（2）选择竞争小、易成功的项目。创业之初，资金、技术、经验、市场等各方面条件都不是很好时，如选择大家都认为挣钱而导致竞争十分激烈的项目，则往往还没等到机会成长就被别人排挤掉了。成功的第一个法则就是避免激烈的竞争。

目前人们的传统赚钱思路还在于开工厂、搞贸易上，因而关注、认识农业的人很少、竞争很小，只要投入少量的资金即可发展，有一定的经商经验及文化水平的人去搞农业项目，在管理、技术及学习能力上都具有优势。比现在从事农业生产的农民群体更容易成功。

（3）产品符合社会发展的潮流。社会在发展，市场也在变化，选择项目的产品应符合整个社会发展的潮流，这样产品需求会旺盛。目前我国的农产品价格还处于较低的价位，随着经济和生活水平的不断提高，人们对绿色食品、有机食品的需求会越来越大，产品价格也会逐步走高，上升空间大，经营这些项目较易成功。

（4）技术要求相对简单，资金回笼快。对于中小投资者而言，除了资金回笼快、周期短，同时项目成功的因素还取决于其技术的难易程度，这也是保证项目实施顺利、投资安全的因素，因此，选择技术要求相对简单的种植、养殖加工项目风险较小。

（5）良好的商业模式。商业模式是企业的赚钱秘诀。好的商业经营模式可以提供最先进的生产技术和高效的管理技术以及企业运营良好方案，这样可省去自己摸索学习的代价，能最快、最好、稳妥地产生效益。

三、制定创业计划

在寻找到创业项目之后，形成一份创业计划书是必不可少的。因为有创业项目后，还必须考虑合适的创业模式、恰当的人员组合和良好的创业环境。制定创业计划，就是使创业者在选定创业项目、确定创业模式之前，明确创业经营思想，考虑创业的目的和手段，为创业者提供指导准则和决策依据。

（一）创业计划的含义

创业计划是创业者在初创企业成立之前就已经准备好的一份书面计划，用来描述创办一个新的风险企业时所有的内部和外部要素。创业计划通常是各项职能如市场营销计划、生产和销售计划、财务计划、人力资源计划等的集成，同时也提出创业的头三年内所有长期和短期决策制定的方针。

创业计划也是对企业进行宣传和包装的文件，它向风险投资企业、银行、供应商等外部相关组织宣传企业及其经营方式；同时，又为企业未来的经营管理提供必要的分析基础和衡量标准。在过去，创业计划单纯地面向投资者；而现在，创业计划成为企业向外部推销自己的工具和企业对内部加强管理的依据。

（二）创业计划的作用

"三思而后行"。做任何事情都要事先做好计划，创业尤其如此。在创业初期，创业者不可能对市场有很详细的调查数据，也无法准确地了解竞争对手的情况，创业计划可能不会规划出必然的蓝图，但是，至少有着以下几个方面的作用：

（1）把计划中要创立的企业推销给自己。通过创业计划的制订，创业者必须建立自信，应该以认真的态度对自己所拥有的资源、已知的市场情况和初步的竞争策略做一个简单的分析，并提出一个初步计划。通过将心中的设想编写成书面的、规范的创业计划，创业者可能会发现，事情原来并非想象中的简单，原来很多因素都没有想到，很多设想都不现实。这时候，需要创业者保持清醒的头脑，客观地、严肃地、不带个人主观情感地从整体角度审视自己的创业思路，并且适当地进行调节，使得计划更趋完美，以确保计划的可操作性。当然，通过撰写书面的创业计划，如果发现原来的设想根本不可能成为现实，创业者不得不放弃该创业念头时，千万不要勉强。

（2）把要创办的风险企业推荐给风险投资家。创业计划是创业融资的必备工具。对于初创的风险企业来说，创业计划的作用尤为重要。企业的成长基本上离不开外来资金。如果没有创业计划，创业者就无从知道创办这家企业所需资金的确切数目，也就不知道到底还缺多少资金。风险投资家都要求创业者提供创业计划，他们依据创业计划进行评价和筛选，选择他们认为最有发展潜力的企业进行投资。但是，必须明确的是，即使创业者不需要借钱、也不需要寻找合作伙伴，但必须撰写详细的创业计划。

（3）有利于获得银行贷款等其他资金。银行一般只要求申请贷款的企业提供过去和现在的财务报表。但是，初创的企业经营风险太大，为这类企业提供贷款，银行一般先要求创业者提供创业计划。对于银行来说，一份制作规范而专业的创业计划就等于一张考究的名片。一份书面的创业计划会提供很多的信息，是一份浓缩了的企业经营设想。一份详尽的、与众不同的、切实可行的创业计划将大大降低银行发放贷款的风险，增加获得贷款的机会。当然，创业计划也有利于初创企业获得其他形式的资金支持。

（4）有利于企业的经营管理。完美的创业计划可以增强创业者的自信，创业者会明显感到对企业更容易控制、对经营更有把握。因为创业计划提供了企业全部的现状和未来发展的方向，也为企业提供了良好的效益评价体系和管理监控指标。创业计划使得创业者在创业实践中有章可循。

创业计划还可以激励管理层以及公司普通员工。在创业初期，"人才可遇而不可求"。一个很重要的问题，就是如何让每一位成员了解本企业的发展战略和创业计划，并朝同一目标努力。如果企业内部的每一位员工对企业的发展战略有不同的看法，则企业就很难取得什么成就。获得认可的创业计划有助于把所有成员凝聚在一起，真正做到"心往一块想，劲往一处使"。

四、实施创业计划

通过策划和调研，真正确定了创业的项目，制定了创业计划书，开始实施创业计划时，你必须对创业规模、组织方式、组织机构、经营方式等方面做出决策，这将涉及一系列具体的问题，包括资金筹措、人员组合、场地选择、手续办理等，实施创业计划的一些条件准备和基本程序。

（一）创业融资

创业者成立企业，除了一些基本工作之外，还需要创业资金。拥有的资金越多，可选择的余地就越大，成功的机会就越多。如果没有资金，一切就无从谈起。对于广大的创业者来说，创业初期最大的困难就是如何获得资金。融资的方式和渠道多种多样，创业者需要进行比较，并确定适合于自己的融资方式和途径。

（二）人员组合

选择了创业目标，制定了创业计划，明确了创业模式，确定了产品或服务方案，资金也筹措到位后，选择最佳的人员配备和组合就成了创业者的一个重要任务。

创办一个企业，如果有一个充满活力和凝聚力、具有协调性和开拓性的人员组合体，这个企业必将有一个良性发展的开端，能极大地调动起每个员工的工作积极性，营造出一个团结协作、以企为家的和谐氛围。

人员的组合只有在一定的范围内，依据有关方法，遵循必要的人员组合原则和标准，才能使人力资源配置达到最佳状态。

（三）确定经营方式

初创业者，规模不论大小，因为大有大的优势（大船抗风浪），小有小的好处（小船好掉头），但发展到一定程度之后，"航速"已经平稳，一切走上正轨，就不能不讲究规模与技术水平。否则永远只能在低水平上徘徊，自身难以发展。而在市场经济中，得不到发展常常也就意味着衰败的来临。

农民工创业之初，企业的自身发展常常受到各种条件或因素的局限，规模与速度都很难尽如人意。偏偏小企业抗衡市场风浪的能力又非常羸弱，于是就陷入了一个怪圈：企业小，难抗风浪，困难多，一发展甚至生存更艰难，困难更多。

怎么解决这个难题？各地农民朋友已经想出了许多很好的办法。主要有：

（1）股份制。就是大家各出股金，集中管理运作，共同投入于某一项目。等于是举全体之力，奋力一搏。

（2）联营制。也称"公司＋农户"。即对外是一个统一的公司，统一商标，统一营销，统购原材料，统一质量标准；对内实际上则是各家各户单独种植、养殖或加工制造，分批分类交售。

（3）协会制。就是组建行业协会，由协会统一质量标准或营销价格，各会员则自行组织生产、销售。

以上方法各有不同的适宜对象。创业中的农民工朋友们可以根据自己的情况来斟酌选择。

（四）场地选择

1991 年 4 月 23 日，麦当劳在中国的第一个餐厅开业，由此创造了新的纪录，成为中国发展最为迅速、市场占有率最高的快餐食品。麦当劳的创始人曾经提到，商业成功中的三个重要因素就是选址、选址和选址。对于商业服务企业，只有选好址、立好地，才能立业、立命。有经验的企业家都能意识到选址定位的重要性。一些快餐业和超市连锁店经营失败的直接原因就是选址不当。

无论企业是刚刚开始，还是企业已经发展到成熟期，选址定位对企业的发展都是相当重要的。虽然选址要花费一定的精力、时间或金钱，但是如果能提高成功的概率，你所投入的一切完全是值得的。

第五章　争做农村致富带头人

第一节　把握农业的市场和商机

一、转变农业发展经营方式

传统农业的提升空间已经很有限了，必须转变发展方式，新型农民有义务关注农业大趋势。

哪些农业模式比较具有成长潜力呢？在有机生产、生态治理、食品安全、精品花卉园艺领域，在智慧农业、城市立体农业、设施农业、创意农业、休闲农业领域，在有机产品、手工艺、创客培育、海外精品领域，这些新兴的、处于增长中的农业领域，都具有比较广泛的提升空间。

一对一市场营销固然不能放弃，用好互联网电子商务，注入网络营销、微店营销等多元化营销，势在必行。

二、发挥企业自身的优势

趋势大于优势，如果失去了趋势，优势也会变成劣势。是的，我们每一天都活在趋势里，但不一定跟着趋势行动，区别在于，我们怎么思考所面对的一切。思维决定结果。养鱼的新型农民要明白你的渔场所处的位置有什么优势，你养的鱼有什么卖点，你的销售渠道有什么独到之处……弄清楚这些问题的目的在于把自身的优势经营起来，管理出来。而你要打造的优势必须符合市场消费趋势。

在苹果手机没有出来之前，像诺基亚、摩托罗拉等在手机行业具有很大的优势，而手机行业发展的趋势是更美观、大方、智能化，苹果手机正是顺应了这一趋势从而独占鳌头，所以说打败诺基亚、摩托罗拉的不是他们在手机行业的优势而是整个手机行业发展的趋势。

三、农业的商机

未来五年，农业商机集中在四大版块：一是现代规模农业，二是智能装备，三是农村电商，四是休闲创意农业。

从事现代规模农业生产，更容易获得扶持和补贴，而"公司＋合作社"是最佳模式，其次是家庭农场。

农村的悠闲和广阔，田园的美景和清新，是城市居民的向往之地，是养老亲子的体验之处，大量的人口带着消费和住宿拥入农村，为休闲创意农业的暴发带来商机。

农业物联网把新型职业农民的生产需求简约化了，手机＋互动平台，直接拉近了农民与"专家、农资和市场信息"的距离。智能装备使农业生产更加轻松。

随着互联网和物流业的发展，网络营销悄然兴起，许许多多地方特色农产品以订单的方式，通过物流直接送达千家万户，品牌农业和地标农产品为电商业务注入了活力。

第二节　树立现代农业新理念

一、都市现代农业

（一）都市现代农业的含义

都市现代农业是指依托于都市，服务于都市，遵从都市发展战略，以城市统筹和谐发展为目标，以城市需求为导向，以现代技术为特征，具有生产、生态、生活等多功能性和知识、技术、资本密集特点的现代集约持续农业。

（二）建设都市现代农业

随着生产力水平的提高，都市对农业的需求呈多样化趋势，推动着都市农业内涵的加深和外延的拓展，呈现出多种形态。都市农业在各国的发展表现出不同的特征，功能发挥的着重点也不同。因此在进行都市现代农业建设时，我们必须对以下几个问题有所思考。

1. 认清都市现代农业的新形态

现代都市农业采用现代化的生产与经营方式，改变了传统乡村农业以大田作业为主的单一形态，呈现出多样化趋势。既有保留传统技术生产与经营方式生产的传统形态，也有与城市现代化生产要素相结合的现代工厂化形态；既有外部经济效果为负的形态，也有与自然资源相融合的资源节约再生型、外部经济效果为正的形态。因此，必须对都市现代农业的新形态有所认识和思考。

（1）城市生态农业

据联合国开发计划署在哥伦比亚等 16 个拉美国家投入 15.4 万美元推行房顶种菜计划的试验表明，这种方式的都市农业产品成本低，只有市场价格的 30%，收获量是传统种植方法的 20 倍，家庭既增加了收入，又吃到了无污染的绿色产品。日本、法国也研制了多种供室内和房顶栽培作物的技术，正逐步形成产业，满足都市人对产品安全性以及回归自然体验农业的需求。

（2）山水园林城市

山水园林城市或称花园城市、生态城市、柔性城市，20 世纪美国著名城市学家路易斯•芒福德提出：城市与乡村不能截然分开，城市与乡村同等重要，城市与乡村应该有机地结合在一起，如果问城市和乡村哪个重要的话，应当说自然环境比人工环境更重要。新加坡于 20 世纪 60 年代中期制订了花园城市计划，如今从高空俯瞰，到处是郁郁葱葱的植被，建筑物都掩隐在一片绿色之中。

（3）可持续农业

可持续农业在台湾地区被称为永续农业。20 世纪 80 年代以来，农业可持续发展已成为许多发达国家或地区共同追求的目标，这也是都市区域面临的迫切需要。因为都市的可持续，首先就是依赖于农业的可持续，农业生产力的持续会生成新的农业自然资源，也不会对环境造成不可再生的破坏，会产生正效应带来城市的可持续。

（4）绿色食品产业

世界各国在实施可持续发展战略的基础上，采取的首要行动就是改变常规食物生产方式，不仅关注食物的生产效率与效益，更关注其对资源环境、消费者的影响，正在大力发展绿色食品产业。

（5）观光农业

观光农业又称生态旅游农业或休闲农业，这是一种新型的农业生产经营形态，它是在发展农业产品生产的基础上，有机地附加了生态旅游观光功能的交叉性产业。如日本的市场农园、农业公园、学童农园、老人农园，意大利的农业旅游，我国台湾的观光果园、休闲农场，美国的自采式作业、地头销售等。

（6）插花型农业

插花型农业又叫点缀农业或袖珍农业，最典型的插花型农业形态是日本东京、大阪等地的都市里的村庄。由于城市无序扩展，在原来旧城区四周的新城区之间保留下来大块农田，农业用地狭窄细小，耕地十分零碎，常呈格子田形状。据有关统计，东京经营规模超过 5 平方公里的农户仅 167 户，经营面积为 1514 平方公里，约占全国总面积的 18.2%。此外，我们也可以把家庭园地、阳台花园、公共绿地、防护林、家庭养殖、道路旁的零星种植等视为插花型农业的形式。都市农业在发展中还出现了农业主题庄园、商标农业、加工农业、创汇农业、立体农业等多种形态。

2. 学会都市现代农业的新技术

与工业化、现代化的要求相适应，都市农业的发展不再围于传统的技术，而是充分运用工业化的成果，并与可持续理念相融合，产生了多种形式的都市农业特色的新技术。

(1) 清洁生产

这是农业一种新的生产方式，是指在生产过程中，持续运用整体预防的环境战略，以期减少对人类和环境的风险，其内涵是清洁的投入（原料设备能源），生产过程（工艺、技术、管理）清洁的产出。产品排放环境追求两个目标：通过资源的综合利用、短缺资源的代用、可再生资源的利用、二次能源的利用及节能降耗措施，延缓资源能源的枯竭，以有利于可持续发展；减少污染的生成和排放，提高产品在生产过程和消费过程中与环境的相容程度，降低整个生产活动给人类和环境带来的风险。

(2) 设施农业

设施农业又称工厂化农业或农业车间，它是集成现代生物技术农业、工程农用新材料、现代化管理等学科，以先进设施为依托，在农业活动的各个环节、领域，广泛运用现代科学技术，提高产品的科技含量和附加值，减少农业活动对自然环境及土地的依赖性，提高土地产出率和劳动生产率的现代农业形态。

(3) 精准农业

它是指把现代信息、自动控制等技术运用到农业生产过程，精确科学地确定施肥、喷药量，以控制农业生产的成本与产量。如美国运用全球卫星定位系统、地理信息系统和电脑对化肥农药做精确喷施，计算机可自动判定某个地点应喷多少配合肥料和农药，控制量可达到几株作物，这种能够降低成本、节约资源、减少过量投入对环境污染破坏的生产方式，也叫处方农业。

（4）生物农业

它是指定向、有目的地进行农业生物遗传改良和创新的一门高新技术，包括基因技术、细胞技术、酶技术和发酵技术等。应用这一技术可以不断为农业生产提供新品种、新方法、新资源，能极大地改善制约农业生产的自然条件，便于进行工厂化生产，如各发达国家的动、植物工厂，可以利用环境控制和自动化高技术进行动植物全年生产。

3. 了解都市现代农业的新特征

现代都市农业是在城市与乡村、农业与工业相融合的过程中发展起来的，在这一融合发展过程中，农业资源开发利用程度加深，其内涵和外延充分扩展。由于发展水平与方向不同，其形态和功能多种多样，特别是在发展中都市农业不断改变着功能和目标，但总的来说，都市农业在发展过程中具有一些共同的基本特征，昭示着都市农业未来的发展方向。

（1）都市农业的融合性

融合性是现代都市农业最本质的特征，其融合性表现在地域、产业、发展观念三方面的融合。一是都市农业是城乡边界模糊地区的农业，二是第一产业向第二、三产业的渗透，三是把现代工业化技术与传统发展理念相融合。

（2）都市农业的市场性

一项产业没有经济效益便没有生命力，都市农业主要是为市场而进行的活动，其产品和一切活动的进行也离不开市场化和产业化。

（3）都市农业目标的可持续性

现代都市农业，在技术上从城郊农业的片面追求高产技术走向高新技术与传统技术相结合，避免工业化技术使农业走上石油农业之路，给产品和环境造成污染，追求经济与环境的可持续性。

（4）都市农业形态和功能的多样性

都市农业的形态多种多样，充分展示了城市对都市农业的需求多样性，以及都市农业功能的多样性。

（5）都市农业知识的密集性

都市农业，实质上是农业和工业进一步结合过程中的发达形态的农业，是知识密集型的产业。

（6）都市农业的集约性

由于都市土地的区位特点，都市农业经济活动往往呈现集约性的特征，不仅单位土地投入较多，而且土地利用率高，可采用多种生产方式以节约土地。

（7）都市农业的辐射性

都市物质和信息高速流动，对农业生产活动具有极强的辐射示范作用，而都市农业的发展经验，也向乡村区域辐射。

（8）都市农业发展的不平衡性及经营主体的多元性

传统乡村农业从业人员以农业为主业，而都市农业从业人员虽有专门从业者，但多为兼业者，甚至不以农业为业，只是作为休闲消费的活动。由于经营主体不同及收入来源不一，都市区域的农业发展水平也是不同的。

（9）都市农业的多维立体性

都市农业的空间可以在市中心郊区及所辖地区，其发展的领域既可以有产中项目，也可以延伸到产前、产后项目，产中、产前、产后是一体的，具有立体化的特征。

4. 区分都市现代农业的新类型

现代都市农业已在朝多个方向全面发展，根据都市农业的形态和特征，按照其产品的性质，目前可以将都市农业分为以下三大类。

（1）体验型都市农业

这是指由都市居民直接租赁或在自有土地上、家庭中耕种，城市郊区农地饲养动物，从事养殖和环境绿化等，其目的是为体验农业活动而非营利。

（2）服务型都市农业

这是指利用农业的自然属性来满足都市体验、休闲度假、观光、气候调节等需要的农业经营活动，以及为农业生产活动提供产前、产后服务的部分产业。

（3）产品型都市农业

指直接提供给人们衣食享受所需的物质产品的农业活动，又分为自给性与商品性两种的农业活动。

5. 运用都市现代农业的新功能

现代都市农业主要具有两大功能：产业功能和社会公益功能。

（1）产业功能

城市化、市场化的发展，要求都市农业不能附庸于城市经济，必须独立发展，获得生存发展的自我输血机制，具有竞争力。包括产品功能、收入功能、吸纳资金功能、协调系统均衡等。

（2）社会公益功能

都市农业作为生态社会子系统的一个有机组成部分，其经济正外部性在维护都市系统生态平衡、满足社会交往、传承传统文明、促进社会进步等方面发挥着重要功能。包括生态功能、社会功能、公益功能等。

6. 掌握都市现代农业的新经济结构

都市农业经济结构可用都市农业的产值结构、产品结构、品质结构、技术结构、劳动力结构、种植养殖业面积结构等指标体系来衡量，各城市由于面临的问题及发展观、效率标准的不同，其都市农业经济结构规划也是不一样的。其具有的一般共同趋势包括：劳动力及收入结构、产品结构、空间结构。

7. 懂得评价都市现代农业经济效果的新方法

计算都市农业的经济效果时，要综合计算农业的总投入和总产出，它的计算公式：

都市农业经济效果＝都市农业总产出－都市农业总成本＝（都市农业产品的直接经济价值＋正外部经济效果）－（都市农业的直接投入＋负外部经济效果）

8. 掌控都市现代农业的发展方向

随着社会的发展，都市农业份额在整个农业中所占比重将会越来越大。总的来说，现代都市生态环境恶化，都市居民消费需求的多元化，以及现代科技与新的经营管理模式的迅猛发展，是都市农业兴起的重要原因与动力。作为一项产业没有经济效益就无法生存，都市农业首先要使自身能够在都市中生存下来，由于都市农业土地与劳动力相对于乡村的稀缺性，因此，都市农业要提高其土地和劳动力的生产力水平；又由于都市区域人口密集、空间狭窄，都市农业的负外部性带来的不经济效果，相对于比在乡村更为严重，而其正外部性带来的经济效果也将更为显著。因此，都市农业将朝提高土地与劳动生产率，并且不断扩大其正外部性，降低其负外部性的集约化、规模化、可持续性方向发展。都市农业将进一步发挥农业的各项功能，拓展农业外延，促进产业融合和产业一体化，满足都市发展对安全生态休闲等产品的需求，走向人与自然及都市的和谐统一，使都市农业迈向新的可持续阶段。

二、生态农业

（一）生态农业的概念

生态农业是 20 世纪 60 年代末期作为解决"石油农业"的弊端而出现的，被认为是继"石油农业"之后世界农业发展的一个重要阶段。生态农业主要是通过提高太阳能的固定率和利用率、生物能的转化率、废弃物的再循环利用率等，促进物质在农业生态系统内部的循环利用和多次重复利用，以尽可能少的投入，求得尽可能多的产出，并获得生产发展、能源再利用、生态环境保护、经济效益等相统一的综合性效果，使农业生产处于良性循环中。生态农业不同于一般农业，它不仅避免了"石油农业"的弊端，并且发挥出了现显的优越性。通过适量施用化肥和低毒高效农药等，生态农业突破了传统农业的局限性，但又保持其精耕细作、施用有机肥、间作套种等优良传统。生态农业既是有机农业与无机农业相结合的综合体，又是一个庞大的综合系统工程和高效的、复杂的人工生态系统以及先进的农业生产体系。

综上所述，我国的生态农业是指在保护、改善农业生态环境的思想指导下，按照农业生态系统内物种共生、物质循环、能量多层次利用等生态学原理和经济学原理，因地制宜，运用系统工程方法和现代科学技术，运用现代科学技术成果和现代管理手段，以及传统农业的有效经验建立起来的集约化经营的农业发展模式。充分发挥地区资源优势，依据经济发展水平及"整体、协调、循环、再生"原则，运用系统工程方法，全面规划、合理组织农业生产，实现农业高产优质高效持续发展，达到生态和经济两个系统的良性循环，使农业的经济效益、生态效益、社会效益协调统一的现代化农业。

（二）生态农业的发展趋势

1. 生态农业产业化

21世纪全球经济生态化、知识化的趋势，决定了生态产业是产业革命的必然结果。同样，21世纪的现代化发展方向也必然使农业现代化纳入生态发展的轨道。由于当前我国农业出现的社会效益与自身经济效益的矛盾、分散农户与大市场的矛盾以及受市场和自然资源双重约束的几大矛盾并没有完全解决，农业生产从数量向品种、质量转化，产值贡献弱化，市场贡献以及农业环境贡献逐渐增大的现实，决定了发展生态农业，特别是生态农业产业化的必要性。

2. 生态农产品质量标准化，生态农业生产规范化

国内农产品质量标准制订的滞后，直接影响了我国农产品质量的提高，降低了我国农产品在国际市场中的竞争力，因此，应加快农产品质量标准的制订。在进一步完善农业生态环境监测网的基础上，应重点加强农产品质量安全检测机构建设，形成功能齐全的省、市、县梯级农产品质量检测体系。通过全国农产品监测网络，对农产品质量实施统一的监测监控，对农产品的生产过程进行全程监控，使质量管理关口前移，提高农产品的质量与安全性，保证向市场提供无公害、绿色或有机食品，提高产品的品牌价值和信誉度，建设完善的市场与流通体系，维护生产者和消费者的利益。

3. 科技对生态农业发展的促进作用将得到强化

农业高科技日益成为发达国家农业持续发展和产业升级换代的支撑，利用现代生物技术培育新品种，进行生物病虫害防治，提高农产品产量和品质，降低生产成本，已经渗透到农业的常规技术领域。而我国在生态农业产业化方面还缺乏相应的原创性研究和应用，与发达国家相比差距较大。所以，我们要加大农业科技投入，鼓励科技创新，加快科技发展，提高产品

的技术含量和科技附加值，解决我国农产品技术含量较低的致命弱势。

（三）中国生态农业的技术措施

生态农业是从生物与环境两个方面来研究农业的生产过程，所以，生态农业技术措施也应该包括这两个方面的内容。

1. 水土流失和土地沙化综合治理技术

防止水土流失最主要的措施就是增加植被，严禁毁林开荒，实行造林种草，封山育林，在农业生产中采用等高种植法，以及横坡带状间作等方法。

2. 防止土壤污染技术

控制和消除外排污染源，严格控制污染物进入土壤；研制生产高效、低毒、低残留的新型农药，代替剧毒高残留农药；利用生物防治技术，实现以虫治虫，以菌治虫；利用微生物的转化、降解作用，减少污染物的残留。

3. 水体富营养化的防治技术

水体富营养化是指在人类活动影响下，水体中的氮、磷等营养物质含量增高，使水中的藻类等生物大量繁殖而对水体产生危害。控制方法包括：控制外源性营养物质输入，减少水体营养物质富集的可能性；减少内源性营养物质积聚，挖掘底泥沉积物，进行水体深层暴气；用化学药剂杀藻；利用水生生物（如凤眼莲、芦苇、丽藻等）吸收利用氮、磷元素，以除去这些营养物质。

4. 生物共生互惠及立体布局技术

共生互惠和立体布局包括植物与植物、植物与动物、动物与动物等的相互组配和合理布局，如稻田养鱼，蔗田种蘑菇，鲢、鳙鱼、草鱼、鲫鱼和河蚌混养等。

5. 农业环境和农业生产自净技术

自净技术即是在生产系统内，将上一级生产产出的废弃物，变为下一级生产的有效投入，从而避免污染物的外排而影响环境洁净的技术。如人畜粪尿还田，田边和村边种植防护林带，鸡（粪）—猪（粪）—鱼（塘泥）—作物（农副产品）—鸡、猪食物链技术等。

6. 有害生物的综合治理技术

综合治理技术包括病虫害、杂草的生物防治技术，采用作物的间套轮作、不同耕作等方法，以及利用各种物理、机械方法防治病虫草害等。

7. 农村能源的开发和利用

（1）充分利用太阳能。如建太阳能温室、塑料大棚、地膜覆盖、太阳能干燥器、太阳能取暖器、太阳能蓄水池等。大力营造薪炭林，解决农村能源短缺的问题。

（2）积极发展沼气。

（3）用风能、水能以及其他能源。

三、观光休闲农业

（一）观光休闲农业的概念

观光休闲农业是利用农村景观、农业活动、农村民俗文化，通过规划和开发，为人们提供兼有观光、休闲、娱乐、教育、生产等多种功能为一体的农业旅游活动，是一种生态旅游新类型。观光休闲农业的发展，将农业观光、农事体验、生态休闲、自然景观、农耕文化等有机结合起来，既满足了城市居民崇尚自然、回归自然、享受自然的需要，又促进了乡村旅游业的崛起。

由于我国的休闲观光农业起步较晚，目前还存在以下不足：一是缺乏科学规划，现有的观光休闲农业基本上处于乡村和工商业主自发状态，缺少整体规划和科学认证，模式单一、风格雷同，缺少各自的独特创意；二是品位档次不高，经营规模偏小，项目内容单调，赋予特色的为数不多，影响了经济效益的提高；三是管理服务不够规范，管理人员绝大多数是原来的生产、加工、营销的人员，服务人员基本上向社会招收，缺乏管理经验，整体素质较低；四是政策扶持力度不大，要素"瓶颈"制约了观光休闲农业的发展。

（二）我国观光休闲农业的具体发展方向

1. 依托田园和生态景观

乡村田园生态景观是现代城市居民闲暇生活的向往和旅游消费时尚，也是观光休闲农业赖以发展的基础。因此：①在选址上，首先要考虑以周边优美的农村生态景观为依托，并与所规划的观光休闲农业项目特色相匹配。②在规划上，要以农业田园景观和农村文化景观为铺垫。选择园林、花卉、蔬菜、水果等特色作物，高新农业技术，特色农村文化，作为规划的基本元素。③在建设上，既要对农村环境的落后面貌进行必要的改造，同时也要注意保护农村生态的原真性。

2. 重视休憩和体验设计

观光休闲农业的客源，在节假日主要是近距离城市休憩放松的上班族，上班时间主要为退休人员，也有业务洽谈和会议选在生态景观和设施条件较好的观光休闲农业景点进行。去观光休闲农业消遣，已经成为不少城市居民的一种生活方式。因此，策划成功的关键之一是如何处理好"静"和"动"，即养生休闲和运动休闲的关系。休憩节点的设计要"静"，所谓"静"就是田园的恬静和农家的祥和，就是要为人们提供恬静休闲的空间和场所。"动"主要是娱乐游憩或农事体验，要做到"动"的项目寓于"静"的景观之中。这样，既能满足城镇居民渴望回归自然、放松身心的休闲需求，又能满足城镇居民科学文化认知的需要，还能延长游憩时间、增加二次消费。

3.挖掘民俗和农耕文化

要保持观光休闲农业项目长期繁荣兴盛，就应该在丰富观光休闲农业的文化内涵上下功夫。深入挖掘农村民俗文化和农耕文化资源，提升观光休闲农业的文化品位，实现自然生态和人文生态的有机结合。如传统农居、家具，传统作坊、器具，民间演艺、游戏，民间楹联、匾牌，民间歌赋、传说，名人胜地、古迹，农家土菜、饮品，农耕谚语、农具等，都是观光休闲农业景观规划、项目策划和单体设计中可以开发利用的重要民间文化和农耕文化资源。

4.突出特色和主题策划

特色是观光休闲农业产品的核心竞争力，主题是观光休闲农业产品的核心吸引力。要认真摸清可开发的资源情况，分析周边观光休闲农业项目特点，巧用不同的农业生产与农村文化资源营造特色。农村资源具有的地域性、季节性、景观性、生态性、知识性、文化性、传统性等特点，都是营造特色时可利用的特性。根据资源特性和项目定位，进行主题策划。

四、创汇农业

（一）创汇农业的含义

创汇农业又称外向型农业，是指以国际市场为导向，专门围绕出口创汇组织生产与加工各种适销对路的农副产品、畜产品、水产品，参与国际市场竞争和交换的一种"贸工农"外向型农业。其主要依靠现代科学技术，引进国内外优良品种、先进技术装备，同当地优越的农业生产条件和丰富的农业自然资源、劳动力资源及灵活的家庭经营等以最佳方式组合起来纳入社会化专业生产体系，建立起各种名优特农副产品、畜产品、水产品规模生产基地，并以基地为中心形成一个高技术、新品种、多种类、大批量、低成本、高效益、出口创汇能力强的外向型农业生产体系。其发展有助于推动传统农业及其生产手段的改造，从而最终达到推动整个农业现代化进程的目的。

（二）国外的成功经验

美国、法国、荷兰、巴西、泰国等是农产品出口创汇的主要国家，他们成功的经验：一是政府对创汇农业采取保护和支持政策；二是以国际市场变化为导向，及时调整农业生产结构和农产品出口结构；三是增加加工农产品出口，提高出口农产品的附加值；四是外贸、加工、生产密切联系，产供销、贸工农一体化经营；五是重视科学技术在创汇农业中的作用；六是因地制宜，发挥资源和经济优势。

五、都市农业

（一）都市农业的含义

都市农业是指地处都市及其延伸地带，紧密依托并服务于都市的农业。它是大都市中、都市郊区和大都市经济圈以内，以适应现代化都市生存与发展需要而形成的现代农业。都市农业是以生态绿色农业、观光休闲农业、市场创汇农业、高科技现代农业为标志，以农业高新科技武装的园艺化、设施化、工厂化生产为主要手段，以大都市市场需求为导向，融生产性、生活性、生态性为一体，高质高效和可持续发展相结合的现代农业。

（二）都市农业的内容

包括都市农业公园、观光公园、市民公园、休闲农场、教育农场（含科普基地）、高科技农业园区、森林公园、民俗观光园、民宿农庄。

六、有机农业

(一) 有机农业的含义

有机农业是一种完全不用化学肥料、农药、生长调节剂、畜禽饲料添加剂等人工合成物质，也不使用基因工程生物及其产物的生产体系，其核心是建立和恢复农业生态系统的生物多样性和良性循环，以维持农业的可持续发展。在有机农业体系中，作物秸秆、畜禽肥料、豆科作物、绿肥和有机废弃物是土壤肥力的主要来源；作物轮作以及各种物理、生物和生态措施是控制杂草和病虫害的主要手段。

有机农业的发展可以帮助解决现代农业带来的一系列问题，如严重的土壤侵蚀和土地质量下降，农药和化肥大量使用给环境造成的污染和能源的消耗、物种多样性的减少等；还有助于提高农民收入，发展农村经济。据美国的研究报道，有机农业成本比常规农业减少40%，而有机农产品的价格比普通食品要高20%～50%。同时，有机农业的发展有助于提高农民的就业率，有机农业是一种劳动密集型农业，需要较多的劳动力。另外，有机农业的发展可以更多地向社会提供纯天然无污染的有机食品，满足人们的需要。

(二) 有机农业的本质

有机农业的本质是尊重自然、顺应自然规律和生态学原理。有机农业的生产方式主要具有以下特点：一是选用合理的抗性作物品种，利用田间套作技术，保持基因和生物多样性，采用生物和物理方法防治病虫草害等，创造有利于天敌繁殖而不利于害虫生长的环境，满足作物自然生产条件。二是禁止使用转基因产物及技术。三是采用合理的耕作制度，保护环境，防止水土流失。建立包括豆科作物在内的作物轮作体系，利用秸秆还田、施用绿肥和动物粪便等措施培肥土壤，保持土壤养分循环，保持农业的可持续性。四是协调种植业和养殖业之间的平衡，根据土壤的承载能力确定养殖的牲畜量。五是有机农业生产体系的建立需要一个有机转换的过程。总之，有机农业要建立循环再生的农业生产体系，保持土壤的长期生产力；把系统内的土壤、植物、动物和人类看成是相互关联的有机整体，加以关怀和尊重；采用土地与生态环境可以承受的方式进行耕作，按照自然规律从事农业生产。

（三）国际有机农业标准体系

包括联合国的有机农业标准在内，国际有机农业标准体系的特点是：强调有机农业的基本原则是可持续发展的思想。在这个原则指导下进行农产品的生产、加工和贸易；强调有机农业应该禁止或基本不使用化学合成的肥料、农药和添加剂；强调有机农业的基本形式是以自然和生态保护为基础的生产方式，不提倡应用集约化生产方式；强调有机农业的标准是对过程进行全程控制，而不是简单的两头控制（基地和产品控制）和所谓的化验分析；强调有机农产品的产品质量不一定必须比常规农产品优秀，以免造成宣传上的误导；强调有机农产品的认证需要对全程进行控制，包括检查、认证和授权。

七、设施农业

设施农业就是运用现代工业技术成果和方法、用工程建设的手段为农产品生产提供可以人为控制和调节的环境和条件，使植物和动物处于最佳的生长状态，使光、热、土地等资源得到最充分的利用，形成农产品的工业化生产和周年生产，从而更加有效地保证农产品的供应，提高农产品质量、生产规模和经济效益，促进农业现代化。

设施农业主要内容是与集约化种、养殖业相关的园艺设施和畜禽舍的环境创造、环境控制技术及与其配套的各种技术和装备。因此，设施农业又被称为工厂化农业。

（一）设施农业的概念

设施农业是在不适宜生物生长发育的环境条件下，通过建立结构设施，在充分利用自然环境条件的基础上，人为地创造生物生长发育的生长环境条件，实现高产、高效的现代农业生产方式，包括设施种植和设施养殖。通常所说的设施农业是设施种植，即植物的设施栽培，是指在采用各种材料建成的，具有对温、光、水、肥、气等环境因素控制的空间里，进行植物栽培的农业生产方法。

设施农业作为农业生态系统的一个子系统，既具有农业生态系统的一般特征，也具有与一般生态系统明显不同的自身特点：一是人的干预和控制性强，包括对种群结构、环境结构、产品形态和流通、采收与上市等都由人的干预和控制；二是物资和资金投入大，设施农业是集约化程度非常高的现代农业生产方式，自然要求有大量物质能量的投入；三是具有生态、经济的双重性，属于典型的生态经济系统；四是地域差异性显著。

从长远看设施农业，一是提高了农产品品质要求。农业由数量型向质量型提高，解决大宗产品结构性剩余矛盾，加快农业产业升级换代依靠设施农业已成必然措施之一。二是发展现代农业要求，发展高效农业对农业生产管理提出更高要求，农业生产各个环节都要采用现代化手段，实施科学管理，规模集约经营，提高农业设施化、标准化是现代农业重要内涵。三是出口市场需要。设施农业是废除技术壁垒，绿色壁垒重要技术手段。四是保护环境，持续发展的需要。

（二）设施农业的类型

目前我国设施农业的种类很多，形式各异，一般分为塑料大棚、小拱棚（遮阳棚）、日光温室、玻璃/PC板连栋温室（塑料连栋温室）、植物工厂等。

1. 小拱棚

小拱棚（遮阳棚）的特点是制作简单，投资少，作业方便，管理非常省事。其缺点是不宜使用各种装备设施，并且劳动强度大，抗灾能力差，增产效果不显著。主要用于种植蔬菜、瓜果和食用菌等。

2. 塑料大棚

是我国北方地区传统的温室，农户易于接受，塑料大棚以其内部结构用料不同，分为竹木结构、全竹结构、钢竹混合结构、钢管（焊接）结构、钢管装配结构以及水泥结构等。总体来说，塑料大棚造价比日光温室要低，安装拆卸简便，通风透光效果好，使用年限较长，主要用于果蔬瓜类的栽培和种植。其缺点是棚内立柱过多，不宜进行机械化操作，防灾能力弱，一般不用于越冬生产。

3. 日光温室

日光温室有采光性和保温性能好、取材方便、造价适中、节能效果明显，适合小型机械作业的优点。天津市推广新型节能日光温室，其采光、保温及蓄热性能很好，便于机械作业，其缺点在于环境的调控能力和抗御自然灾害的能力较差，主要种植蔬菜、瓜果及花等。青海省比较普遍的多为日光节能温室，辽宁省也将发展日光温室作为该省设施农业的重要类型，甘肃、新疆、山西和山东日光温室分布比较广泛。

4. 连栋温室

有玻璃/PC板连栋温室和塑料连栋温室两类。

玻璃/PC板连栋温室，具有自动化、智能化、机械化程度高的特点，温室内部具备保温、光照、通风和喷灌设施，可进行立体种植，属于现代化大型温室。其优点在于采光时间长，抗风和抗逆能力强，主要制约因素是建造成本过高。福建、浙江、上海等地的玻璃/PC板连栋温室在防抗台风等自然灾害方面具有很好的示范作用。塑料连栋温室以钢架结构为主，主要用于种植蔬菜、瓜果和普通花卉等。其优点是使用寿命长，稳定性好，具有防雨、抗风等功能，自动化程度高；其缺点与玻璃/PC 板连栋温室相似，一次性投资大，对技术和管理水平要求高。一般作为玻璃/PC 板连栋温室的替代品，更多用于现代设施农业的示范和推广。

5. 植物工厂

植物工厂是继温室栽培之后发展的一种高度专业化、现代化的设施农业。它与温室生产的不同点在于完全摆脱大田生产条件下自然条件和气候的制约，应用现代化先进技术设备，完全由人工控制环境条件，全年均衡供应农产品。目前，高效益的植物工厂在某些发达国家发展迅速，已经实现了工厂化生产蔬菜、食用菌和名贵花木等。美国现在正在研究利用"植物工厂"种植小麦、水稻，以及进行植物组织培养和脱毒、快繁。据报道，日本已有企业投资兴建了面积为 1 500 平方米的植物工厂，并安装有农用机器人，从播种、培育到收获实现了电气化。由于这种植物工厂的作物生长环境不受外界气候等条件影响，蔬菜种苗移栽 2 周后，即可收获，全年收获产品 20 茬以上，蔬菜一般平均年产量是露地栽培的数十倍，是温室栽培的 10 倍以上。荷兰、美国采用工厂化生产蘑菇，每年可栽培 6.5 个周期，每周期只需 20 天，产蘑菇每平方米 25.27 千克。目前，世界上约有 28 个植物工厂。

八、标准化农业

(一) 标准化农业的概念

标准化农业是以农业为对象的标准化活动，即运用"统一、简化、协调、选优"原则，通过制定和实施标准，把农业产前、产中、产后各个环节纳入标准生产和标准管理的轨道。农业标准化是农业现代化建设的一项重要内容，它通过把先进的科学技术和成熟的经验组装成农业标准，推广应用到农业生产和经营活动中，把科技成果转化为现实的生产力，从而取得经济、社会和生态的最佳效益，达到高产、优质、高效的目的。农业标准化的内容十分广泛，主要有以下七项：农业基础标准、种子种苗标准、产品标准、方法标准、环境保护标准、卫生标准、农业工程和工程构件标准、管理标准等。

（二）标准化农业特征

1. 以标准需求为动因

要为人类提供标准农产品，无疑必须发展标准农业，以满足人们对标准农产品的需求。一是健康需求，即人们对农产品的标准需求应满足人们的健康需要，农产品各种物质的含量应与人们的健康需要相一致。二是多维需求，即人们对农产品的标准需求应满足人们的多维需求，也即不仅仅局限于营养和品尝需求，而且还包括卫生和审美需求。三是水平需求，即人们对农产品的标准需求总是随着人们生活水平的提高特别是生活质量水平的提高而提高。

2. 以标准产品为目标

标准农产品一般应具备如下 4 种统一标准：一是营养标准。人类要健康，这些营养素的数量必须能满足人体的要求，每一农产品都包含若干种营养素，标准农产品所包含的各种营养素含量都必须达到统一的标准。二是品尝标准。即标准农业生产的农产品必须满足人们的品尝需要，符合人们的口感。三是卫生标准。即标准农业生产的农产品必须能满足人们健康需要，符合人们的健康要求，特别是有害物质含量绝对不能超标。四是审美标准。即标准农业生产的农产品还必须能满足人们的审美需要，符合人们的审美要求，产品外观要有美感，且同种产品外观要一致。

3. 以标准理念为指导

要发展标准农业，生产标准产品，必须树立农业标准化理念，以标准文化为向导，形成标准的思维方式，培育标准的行为方式，追求标准的农业事业。确切地讲，标准农业文化指的是在标准农业的产生、形成和发展的过程中，通过农业标准的制定、农业生产质量环境的营造、农业标准技术的研制、农业质量标准的监测、农业标准生产的管理，而形成的一种产业文化。标准思维方式指的是从农业标准化的角度去思考问题、认识问题、判断问题、审定问题。标准行为方式指的是在农业生产的过程中，自始至终、各个环节都围绕农业标准来进行。标准农业事业则是指通过农业标准的制定、农业生产质量环境的营造、农业标准技术的研制、农业质量标准的监测、农业标准生产的管理，生产标准农产品的过程。

4. 以标准文件为依据

标准文件包括如下四种：一是农产品质量标准。应包含农产品的营养、品尝、卫生和审美标准等内容。二是农业生产技术过程规程标准。应包含产地选择、备耕、规格、栽植、施肥、灌水、防治病虫害、收获等标准内容。三是农业投入品质量标准。应包括农业投入品的品种、规格、主要要素含量、有害物质残留量、用途和使用方法等标准内容。四是农业生产环境质量标准。应包含土壤肥力水平、水质、有毒物质限量、农田基本建设水平、空气、周围环境等标准内容。

5. 以标准环境为条件

环境标准应包括如下三个方面的内容：一是生态环境。产地周围的环境应达到良性循环的要求，不但植被状态好、水土保持好，而且植被之间、植被与水土之间、周围植被与产地之间形成互促互补的生物链。二是安全环境。即产地及其周围环境的有害物质，特别是土壤、水和空气中的有害物质含量应低于限量水平，不影响人体健康，符合生活质量水平日益提高的人们对安全质量的要求。三是地力环境。即产地土壤肥力水平达到高产稳产地力水平，即产地土壤的有机质、氮、磷、钾及其他微量元素含量丰富，比例协调，能满足高产优质作物生长发育的基本要求。

6. 以标准技术为手段

标准技术包含三个方面：一是农业生产环境质量控制技术。这一技术应以农业生产环境质量标准为依据，围绕标准农产品对农业生产环境的生态、安全、地力要求，通过植被营造、水土保持等生态措施，通过开挖环山沟、排除有害物质等安全措施，和广辟肥源、用地养地等养地措施，使农业生产环境质量达到生产标准农产品的要求。二是农业投入品质量控制技术。农业投入品包括肥料、农药、激素、农膜等。这一技术也应以农业投入品质量标准为依据，环绕标准农产品对农业投入品的要求，通过对农业投入品生产原料的选择、把关，通过对农业投入品生产技术的运作和方法的操作，使农业投入品质量达到生产标准农产品的要求。三是农业生产过程质量控制技术。这一技术同样应以农业生产过程规程质量标准为依据，围绕标准农产品对农业生产过程规程的要求，通过园地选择、规划、备耕、种植规格、栽植、施肥、灌水、防治病虫害、盖膜、收获等技术的标准使用，使农业生产过程质量达到生产标准农产品的要求。

7. 以标准监测为约束

标准监测包含三方面的内容：一是农业生产环境质量监测，即监测农业生产环境之生态因素、安全因素和地力因素是否达到标准文件所要求、规定的质量水平。二是农业投入品质量监测，即监测肥料、农药、激素和农膜等农业投入品之主要理化指标是否达到标准文件的要求、规定的质量水平。三是农产品质量监测，即监测农产品之营养、品尝、卫生和审美要素是否达到标准文件所要求、所规定的标准水平。

8. 以标准管理为保障

标准管理包含如下内容：一是产地认定和产品认证体系。即国家必须建立权威的安全优质农产品的产地认定和产品认证机构。二是市场准入机制体系。即根据农产品分布和密集情况，设置相应的农产品安全质量监督机构，对农产品进行安全检查，符合安全质量要求的发给市场准入证，允许进入市场，进入消费，否则予以拒绝，以维护消费者权益。三是品牌安全优质农产品评审体系。即建立国家授权、认可的品牌安全优质农产品评审机构，建立系统、规范、有序、理性的品牌安全优质农产品评审机制，定期对农产品进行评审，对荣获品牌安全优质农产品称号的，授予荣誉证书，以促进安全优质农产品向品牌的方向发展，提高品牌安全优质农产品的知名度和市场竞争力。四是对假冒伪劣农产品打击、制裁体系。即加强执法队伍的建设，以标准文件为依据，以安全优质农产品认证证书及其使用标志为凭证，以农业标准有关法律、法规为手段，开展对假、冒、伪、劣农产品的打击、制裁，以维护安全优质农产品的正常生产和市场营销。五是法律、法规体系。即以宪法为指导，根据我国的实际，制定一部关于农业标准化或标准农业的法律或法规，使农业标准化工作、标准农业生产纳入法律的轨道，并能够在法律的约束下有序、理性、规范、健康地向前发展。六是组织机构体系。即从中央到地方，建立、健全农业标准化工作机构，设置专门岗位，配备专门人员，装备专门设备，编制农业标准化工作专门路线图，使用农业标准化专门资料，执行农业标准化工作专门操作程序，以标准的组织机构，通过标准的工作，确保农业标准化工作有序、理性、规范、健康地向前发展。

第六章　健全心理素质

农民是新农村建设的主体，新农村需要新型农民。新型农民心理出现问题，必然会威胁到新农村建设。中国广大农民原本都有着积极的心理状态，良好的愿望。他们吃苦耐劳，遵纪守法，积极进取；然而随着社会经济的发展，巨大的生活压力和精神生活的严重缺失，都致使农民心理存在诸多问题。

第一节　生命意识

一、生命意识教育的含义

生命教育是一种整合性教育，自从 1968 年美国学者杰·唐纳·华特士首次提出了"生命教育"的概念以来，他所倡导的生命教育理念一直受到人们的高度重视，因为教育根植于生命，才能体现出对生命及其生命价值的敬重。而所谓生命意识教育，主要是指人对自身以及自身之外的所有生命的尊重与关注。生命意识教育是教育哲学层次上的教育概念，是价值论意义上的范畴。生命意识教育不仅体现了人对生命的尊重与关注，还包括人对自己生存能力的培养和对生命价值的提升。新农村建设中，加强农民的生命意识就是使农民在获得更好的发展之外，进一步提升对生命存在价值的理解，而不是仅仅沦为只会赚取金钱、获得财富、享受物质的"生物机器"，因为生命被赋予价值和意义，才是完整的生命。然而，纵观新农村建设中的教育体系，我们发现有一个非常大的缺陷，那就是：有关于人如何生活的教育，如何才能生活得更好的教育，生命意识教育则明显缺位，这使得农民对生死问题认识不清，并导致了严重的"生命困顿"问题。

二、生命意识教育的必要性

对待生命的态度，是评判正义与邪恶、高尚与拙劣、文明与野蛮的标尺。任何对于生命的戕害、摧残、虐待、轻贱，甚至毁灭和虐杀，都是需要我们人类自觉摒弃并逐步禁绝的。因为对生命的珍视直接表现为对生命根基的珍视，即：既有着转识成智、学达天性的睿智，又有着悲天悯人、民胞物与的情怀。一个人不管从事什么职业，不管身份的高低与否，他首先必须是一个生活者，其次才是一个劳动者、思想者，一个技术人员、一个专家或者别的。只有一个人能快乐而有尊严地生活着，才能扮演好自己的社会角色，进而扮演好其他的社会角色。温家宝总理在政府工作报告中指出：怎样过有品质的生活，怎样过有意义的人生，都需要我们认真地学习和思考。一些人从脆弱走向疯狂，这背后恰恰反映出了他们生存状态的不理想与生命教育的缺失。因而，从"以人为本"的观念来讲，生命教育是十分迫切的。新农村建设中，新型农民是建设的主体，如何让这一庞大的群体以主人翁的姿态参与到新农村建设中来，就成为农民生命意识教育的一项重要内容。

三、农民生命意识教育的内容

加强对农民的教育就是要引导农民感受生命、体验生命、提升生命，丰富生命的内涵和意蕴，从而懂得珍惜生命，保护生命。

（一）树立生命至上的理念

将农民生命至上的理念与农民对生命的"真谛"的认识联系在一起。作为个人具体的生命，中国古代大哲学家荀子认为人"最为天下贵"。《孝经》中也强调身体发肤受之于父母，任何人不能轻易作践自己的肉身。《中庸》把人的位置上升到"可以与天地参"的地位，董仲舒还认为"天地人，万物之本也"，"生"为天地之大德，作为自然界之"精华"，是为"超然异于群生"，享受着与自然界一切动植物不同的文明生活。因此，对于天地间最为精华的生命、最可宝贵的生命，我们有什么理由不去珍惜之、守护之呢？而生命正是在这种未完成的过程中，才获得了存在的价值与意义。农民只有树立生命至上的理念，才能心中设置一道"内心的防线"，才能守护住生命的尊严，才能更好地珍爱生命。

（二）培养仁爱敬畏的情怀

人的生命是自然生命和价值生命的统一体，人的生命也是自然界的一部分。我们每一个人要珍惜来之不易的自然生命，从而为其敬畏生命、珍惜生命奠定良好的基础，因为生命对于任何人来说也仅有一次。除此之外，我们也应培养其仁爱情怀，应时刻心存敬畏，不管是对人类，还是对地球上的其他生灵。人类的"仁爱"情怀不仅是道德教育的目标，它同样体现了对任何生命的一种"特殊关怀"，一种敬重之意，其目的就是为了使生命焕发出光彩。一个有思想的人不一定是有境界的人，而一个有境界的人一定是一个有道德的人。这个道德不是外来要求，而是从内在"德福统一"的角度，是从个人道德成长的角度来说，它已经是人们生命成长中不可缺少的一个组成部分。然而近些年来，时常有网络、报刊等相关媒体曝出人类虐待动物事件。这些人类中残忍的一面使人性中美好的仁爱之情失去光彩，从而使动物的生命成为人类任意肆虐的对象。热爱每一个生命，不带有世俗的轻重、功利的高低，真正再现权利的平等，这样，动物之于人是警惕与敬畏，宠物之于人是信任和依赖，作为动物灵长的人类才始终能成为施爱与爱的对象。

（三）创造丰富多彩的生活

生命意识教育不能简单采用说教式的教育方式，要通过切实有效方式不断创新生活的内容。新农村建设中，要通过丰富多彩的文化活动活跃人们的生活，同时开展有关生命知识讲座、图书阅读活动等向农民传递全面系统且实用的生命知识，进而使他们将认识生命、保护生命、敬畏生命的理念深入内心。另外，创新农民生命教育的形式，还应将法的观念融入农民的生命教育中，这样才能使农民真正明白保护自身生命及他人安全的重要性，从法律的角度认知危害他人生命的严重性。

（四）提高理性认识生命的能力

由于我国正处于社会转型加速期，社会架构、社会运行机制、社会价值观念都发生着全方位转换，再加上文化交流日渐频繁，传播媒体日益多样化等，农民开始更加"现实"，物质至上、享受人生、拜金主义和极端利己主义思想不断冲击着人们正常的生活准则、道德规范，这就使得农民的责任意识不断被消解，由此导致对自身生命存在价值的怀疑与贬值。在此情形下，培养农民理性认识生命的思维能力，帮助他们理性地去审视、取舍、批评环绕在他们周围形象色色的生命观，使之对生命的理解上升到伦理道德价值的高度，从而塑造其完善的人格，健康的心态。

总之，新农村建设中加强对农民的生命意识教育，提升其生命的质量，激发其对生命的热情，这些对新型农民投身于新农村建设具有极其重大的价值与意义。

第二节　心理健康

随着新农村建设在农村的开展，农民的政治、文化、日常生活水平都有了很大的提高。尽管国家出台的相关政策促进了农村的发展，但是这些政策中对农民心理健康关注则比较少，农民越来越普遍并日趋严重的心理问题则成为建设社会主义新农村的重要障碍。

一、农民心理健康的含义

农民心理健康是指农民个体内部心理过程和谐一致，与外部环境适应良好的稳定的心理状态。其标志是认知功能正常、情绪积极稳定、自我评价恰当、人际交往和谐、环境适应良好。农民心理健康对生理健康有直接的影响。心理健康和生理健康密切相连，生理健康是心理健康的基础，而心理健康是生理健康的条件。在许多人看来，农村生产"脸朝黄土背朝天"，农民生活方式粗放、简单，没有城市白领的勾心斗角，也没有官场失意的抑郁寡欢，心理疾患不会找上他们的。实际上，农民心理健康问题已经对其生理健康造成了直接的影响。许多农民因精神上缺乏与外界的沟通和交流，他们不同程度面临着苦闷和压抑，一些农民因此都以悲剧性的后果结束了自己的生命。由此可见，农民的心理健康问题已经成为一个关系社会发展和农民个人生活幸福的问题，加强农民的心理健康教育尤为重要。

二、加强农民心理健康教育的意义

现阶段，农村的生产生活已与计划经济条件下的农村社会大不相同，与过去几千年间的原始农业形态更是相去甚远。新农村建设中，农民心理健康教育不仅是培育新型农民的一个重要问题，而且加强农民的心理健康教育具有重要的现实意义。

（一）农民心理健康是其适应社会的基本条件

当今世界，竞争日趋激烈，社会发展节奏很快，很多农民走出乡村，外出打工。外出打工的农民在开阔眼界、增长见识和接纳新事物的同时，也会因各自所从事的职业、自身活动空间与范围、生活方式、交往能力及经济行为而产生差异，这就必然导致农民工的分化及其价值观的多元化。当农民工讨薪的艰难与城市的繁华形成鲜明的对比，当感官的冲击难以战胜理智的控制，部分农民不可避免地会产生一定程度上的仇富心理，而这种心理压力与冲突不断加剧时，它必将对城市的稳定与安全构成威胁，成为和谐社会构建过程中一股破坏性的力量。所以，农民的心理健康是其适应社会的基本条件，只有适应社会才能在社会中求得更好的生存和发展，从而使自己融入社会，成为一个人格健全的社会人。

（二）农民心理健康是影响社会和谐的重要因素

良好的心理素质是人的全面素质中的重要组成部分，农民的心理状况通过其行为直接反映出来，同时，这也是农民对社会生活的反应。随着市场经济的发展，大量农村劳动力从土地分离出来，大批农民涌入城市，而当他们在城市面临求职、就业等压力问题时，农民心理的失衡就会时常发生。据一项对农民社会地位的调查显示："有10.5％的人'满意'，有47.5％的人'基本不满意'，有42％的人'不满意'"，这说明有相当一部分农民对自己现有的社会地位满意度不高。而当农民对其社会地位感到不满意时，无疑会加剧农民的心理焦虑，进而导致农民的心理失衡，从而对社会管理活动会造成一定的冲击，影响到社会的稳定与安宁。从社会心理学角度来看，心理焦虑是一种广泛的心神不安和精神不定，是一种弥漫于社会不同阶层的焦虑，它难以轻易消退，若不能通过心理的调适加以化解，结果往往酿成不可挽回的悲剧－－或者是个人的自戕；或者是向社会和他人施以暴力。所以，农民心理健康是社会和谐的内核和关键所在。只有心理健康，才会支配和引领人们朝着和谐的方向前进，才能正确地认识自我，增强自我调控的能力。

（三）农民心理健康是建设新农村的基础和前提

社会主义新农村建设的基础和前提离不开广大新型农民的

心理和谐，这是使新农村产生和谐环境的基础。首先，农民心理的和谐会促使其行为的和谐。广大农民心理和谐，他们就能承受挫折，适应环境，就会从内心支持赞同新农村建设，并以饱满的热情投入到新农村建设之中。反之，农民心理不和谐，思想和行为就会偏离正常的轨道，这种不和谐所导致的结果不仅会影响到他们自身的幸福，进而波及家庭和社会，给新农村建设带来潜在的威胁。其次，农民心理是和谐农村创造活力的源泉。目前，中国最大的问题是农民问题，社会要和谐，农村是关键。然而，农村中普遍存在的农民社会保障、土地流转、乱收费、拆迁等问题成了我国农村经济快速发展的阻碍因素，这些问题的存在或多或少都带来了农民的心理问题。新农村建设中，只有这些问题得到合理妥善的解决，才能最大程度激发农民的积极性，从而为新农村建设贡献最大的力量。

三、新农村建设中加强农民心理健康教育的途径

根据新农村建设的实际以及农民心理状况的特点，加强农民心理健康教育以此服务于新农村建设的需要。心理健康教育强调的是运用心理学及其相关学科的理论和技术，帮助受教育者逐步达到心理状态的平衡并逐步提高受教育者的心理素质。它更加强调对个体的教育要从个性特点出发，提高个体调节自我行为的能力，增强心理素质。

（一）大力推广与普及心理健康知识

一个人的心理健康状况与个人的知识积淀、社会阅历以及认知理解水平密切相关，而心理的自我调节是以心理健康知识作为基础的。农民中许多心理危机的发生大多数是由于认知而出现的"意义障碍"，农民知识的贫乏、视野的窄小极容易导致其认知偏颇，情绪和行为走向极端。因此，心理保健知识的贫乏甚至空缺，是农民遭遇心理困扰或压力时心理负担加剧甚至恶化的重要原因之一。这就要求农村的思想政治工作者应掌握

丰富的心理健康知识，在农民遇到心理困惑、精神压力时能有效引导农民解除思想的矛盾与迷惘，并学会使其能够运用心理健康知识分析和处理现实生活中的各种问题。

（二）创新心理健康教育的形式

比起城市，农村显得相对贫困落后，农民的文化素质偏低。随着农民心理问题的增多以及日趋严重，对其进行一对一的心理健康教育要困难得多。建设和谐社会主义新农村的伟大使命之一就是培养合格的新型农民，所以立足于农村建设现有实际，采取切实有效的形式广泛开展农民心理健康教育尤为重要。然而，长期以来，对农民仅有的心理健康知识多停留于口授层面，可操作性不强。实际生活中，农民一旦面临突发其来的困扰，往往表现出无所适从、无以应对的困境，这就要求农民的心理健康教育必须在形式上大做文章。比如，普及农民心理健康专题讲座，以喜闻乐见的方式开展一些文艺活动，创办农民心理健康夜校，开展心理健康咨询活动，等等。通过这些活动的开展，使农民正确对待心理方面出现的各种问题，并以正确的态度去处理对待这些问题。总之，心理健康教育的开展能在一定程度上消除农民的烦恼，拓宽其知识视野，更重要的是，它提升了农民的心理素质，使其负能量能及时有效地化解，心理困惑得到及时的解决。

（三）给农民创造更多互相交往、接触的机会

农民心理问题的出现一般与生活单调、精神空虚有很大关系。目前，农村的生产方式主要还是以农业活动为主，由于农业活动的季节性很强，因此农民的闲暇时间随着季节的变化而变化。由于农民的生活方式比较简单、枯燥，再加上农民的健康娱乐休闲活动又少，农闲时农民的寂寞、无聊、空虚之感就会油然而生。心理学表明：无聊、空虚等消极状态持续的时间如果较长，轻则扰乱机体内部的平衡，重则引发内心的冲突或

矛盾，继而以各种各样的极端情绪和异常行为表现出来。因此，在农村开展丰富多彩的业余生活，给农民创造更多相互交往、接触的机会就显得尤为重要。在农民相互交往、接触的过程中，彼此之间的平等对话是他们产生信任感的前提。而当他们掌握了人际关系的知识和技巧，他们获得了友谊，减少了孤独感，就能够促使他们形成健康的人格，获得全面的发展。

总之，在新农村建设中，农民作为构建和谐社会主义新农村的重要力量，他们的心理健康与否关系到新农村建设的成效问题。因此，加强农民心理健康教育，不仅体现了现代思想政治教育爱护人、关心人、尊重人和发展人的人文关怀精神，更为重要的是，通过对农民心理健康教育，培养了农民的健康心理，使其具有科学坚定的信念、顽强的意识，具有承受挫折的能力，从而能够更好地发挥自身潜能，推进新农村建设的发展。

第七章　提升农民道德风范

第一节　社会公德

一、社会公德的含义

随着公共生活的增加，公共场所越来越成为人们活动的主要场所。传统社会，人们社会活动空间较小，主要生活在私人领域。而现代社会，人们已经走出自身狭小的生活空间，逐渐融入广阔的社会之中，参与公共生活，这就迫切需要一种具有公共理性的道德来调节人们的行为规范。俗话说，人无德不立，国无德不兴。所以，社会公德作为社会道德建设的核心内容，已经成为影响当前经济和社会和谐发展一个不容忽视的问题。

所谓社会公德，是指人类在社会生活中根据共同生活的需要而形成的为社会中每个成员所应当遵循的行为规范。社会公德作为人们在社会公共活动中应当遵循的道德行为规则，这也是对历史优良道德继承发展的结果。它是一个合格的社会成员在道德上应该遵循的起码标准和一般要求，实质上是一种契约思想的公共理性。公共理性作为现代社会与传统社会的一大区别，就决定了社会生活的公共化必须要遵守一定的规则和秩序，否则，社会将陷入混乱，人们就无法正常地生活和交往。所以马克思也说这种规则和秩序，正好是一种生产方式的社会固定的形式，因而是它相对地摆脱了单纯偶然性和单纯任意性的形式。这些规则和秩序的最起码要求，就是生活于同一社会中的人们必须遵守社会公德。一个人如果连公德都不讲，那么，要他信守更高层次的道德，也就无从谈起。

社会公德是社会道德的基础。然而，与其他样式的道德比较，社会公德又有如下特点：首先，社会公德是一种基本的道德要求。它反映社会公共生活中人们共同相处、彼此交往的最一般关系，是维持必不可少的公共秩序和纪律所不可缺少的因素。其次，社会公德的内容具有最大的继承性和通用性。社会公德规范是人类世世代代调整公共生活中最一般关系的经验结晶。这种最一般的关系，在不同的时代、不同的社会形式中都存在，其内容也较少变化。最后，社会公德拥有最广泛的群众基础。社会公德是社会道德风尚乃至整个社会精神文明的重要窗口，作为一种契约思想，社会公德是公共精神的反映，这种公共精神，体现的是个人意志和普遍意志的统一，是个人利益和社会利益的统一。破坏公德损害的不是少数人的利益，而是最大多数人的共同利益。正因为如此，社会公德最深入人心，最能受到群众的自觉维护。这也就在客观上进一步要求要加强农民的社会公德教育。

二、新农村建设中加强农民社会公德教育的主要内容

随着农民逐渐走出家庭狭小的范围，以自主性的身份参与社会生活，那么以公共交往为特点的社会生活就成为这个时代农民人际交往的反映。加强农民的社会公德教育，主要包括：

（一）相互尊重宽容、互助友爱

加强农民的社会公德教育首先就是要培养农民彼此间的尊重宽容、互助友爱精神，这是新农村建设中人际平等交往的重要准则。人常说，尊重他人就是尊重自己。这就说明人与人之间应该相互尊重，这是建立良好人际关系的前提。传统社会，村庄内部代际之间普遍缺乏相互尊重的观念，特别是长辈总盲目地以自身的价值观来裁取一切，定夺年轻人的行为取向。正

是因为长辈与幼辈之间的尊重是单向性的，那么长辈可以随意打骂儿女，这不仅树立起了代际之间的鸿沟，而且给晚辈造成了终生难以弥补的心灵创伤。现代社会是追求平等的社会，这种平等的观念就要求人们必须以尊重对方的人格为前提，不管是同代之间还是异代之间，也不管是代内之间还是代际之间。所谓互助友爱，就是全社会互帮互助、全体人民平等友爱、融洽相处。互助友爱是实现人际平等的重要准则。

新农村建设的是和谐的社会，是人与社会之间关系协调的社会、人与人之间关系融洽的社会。然而，在这个剧烈转型的年代，我们也看到人类千百年来传承下来的优良传统道德在物欲横流的现代社会已经失去了应有的底线，不尊重老人、欺骗敲诈、社会责任感淡薄等现象随处可见。特别是随着道德滑坡、诚信体系的崩坍以及贫富阶层的分化，越来越多的人皈依丛林法则，进而使社会的和谐遭到一定程度的破坏。新农村建设中，随着农民的社会流动性在不断增强，这就导致人们的观念也在不断地发生变化，特别是年轻人外出汲取新事物后，随着收入的不断增加，乡村长辈的威严和地位日益受到挑战和威胁，他们不再像以前那样对年轻人发号施令，而是以平等的尊重的眼光来看待这些受到现代文明熏陶的年轻人，所有这一切都在客观上促进了农民之间的平等交往。所以，相互尊重宽容、互助友爱的人际平等交往准则才能使人们深刻领会人的价值与尊严，也只有如此，才能为社会主义新农村的发展提供强大的精神动力，创造令人心情舒畅的社会环境与和谐氛围。

（二）遵纪守法，爱护公物

新农村建设中，农民自觉遵纪守法，爱护公物是社会公德最基本的要求。所谓遵纪守法，就是人们在社会生活中遵守有关纪律，依法办事，严格恪守法律规范。遵纪守法是人生最有价值的一种资源，从功利的角度看，这能够满足其对物质利益的需求。一个遵纪守法的人，他的行为能够促进他的人生发展，并且有利于他实现自己的人生价值。公共生活中，每个人都是法律道德规范的遵从者，而只有真正将"事不关己高高挂起"、"明哲保身"、以邻为壑等小农社会的陋习从每个人的心中剥离出去，自觉以法律道德为准绳，那么各种社会活动才能得以顺利进行。其实，不管是对国家颁布的法律、法规的遵循，还是对特定公共场所有关规定的遵循，都反映了人们的共同要求，体现了人们的共同利益。

所谓爱护公物就是人们对特定公共场所有关规定的遵循，爱护国家和公共财产不受侵犯。一个公民是否爱护公物，这是公德心的体现。从小处讲，一个人的公德心可以反映出一个人道德素质的高低，从大处讲，则反映出国家的文明程度和国民素质的高低。一个人的公德心是他信守更高层次的道德的基础，尽管损害公共财物是个人的行为，但最终却损害的是多数人的共同利益。只要留心，我们就会发现，社会生活中破坏损毁公共财物的现象比比皆是，比如，公园中草坪上留下的串串脚印，垃圾箱上锈迹斑斑，公共建筑物上的各种涂鸦，等等。古人云："勿以善小而不为，勿以恶小而为之。"爱护公物只需要大家的举手之劳，只要拥有一颗爱护公物之心，就能保证公共设施的完好无损和正常使用，从而实现对共同社会财富的共享。因为每个人既是公共财物的主人，同时又是公共财物的使用者。总之，对农民加强遵纪守法，爱护公物的社会公德教育，才不会对社会和他人造成损失和伤害，从而保持社会公共生活的有序进行，保证社会健康稳定发展。

（三）讲究卫生，保护环境

新农村建设中加强农民的社会公德教育还要培养农民讲究卫生、保护环境的意识，这也是社会主义新农村道德建设的重要内容。为了保持社会公共生活的环境整洁，保障社会成员的身体健康，每个农民都应该讲究卫生，保护环境，这也是社会公共生活中人们应该遵守的最基本的行为规范。然而，自古以来农民重私德、轻公德倾向比较严重。在私人领域，人们都非常注重自己的尊严、面子，也非常关注自身所处的环境，正因为如此，"各扫门前雪"的现象比较普遍。而在公德领域，人们的行为失范情况比较严重。正如梁启超所言，"私德居十之九，而公德不及其一"。英国学者罗素同样认为，中国文化重家族内私德，不重社会的公德公益。而我国最为著名的社会学家费孝通先生认为："中国社会存在一种'差序格局'，与己关系近的就关心，关系远的就不关心或少关心；结果有些事情从来就没有人关心，整个社会普遍缺乏公德心。"所以，培养农民讲究卫生，保护环境的社会公德非常必要。构建社会主义新农村，只有处理好人与自然关系，才能做到村容整洁，环境优美，那么农村优美的自然环境和恬淡的田园风光就是人们向往的生活乐土。

然而，随着市场经济的发展，对外开放的搞活，农民的思想意识发生了很大的变化。为了短期的经济效益，一些农民盲目垦荒、过度放牧、涸泽而渔的行为屡见不鲜。正是这种可持续发展观念的欠缺，农村的生活环境已与过去相比发生了很大的变化，如果说原先的农村是山清水秀、鸟语花香的乐园，那么在今天的农村这样的景象已难再寻觅，有的地方山林植被的多样性被破坏，清澈的河流变成了臭水沟，而有的地方河流也成了干枯的河道。恩格斯早就指出过："我们不要过分陶醉于我们人类对自然界的胜利，对于每一次这样的胜利，自然界都对我们进行报复。每一次胜利，起初确实取得了我们的结果，但是往后和再往后却发生完全不同的、出乎预料的影响，常常把最初的结果又消除了。"所以，新农村建设中重视对农村生态环境的保护更需要一种长远的战略眼光，它是农村可持续发展的前提条件，而对乡村环境保护工程的合理规划，使农民养成讲究卫生，保护环境的良好习惯也是社会公德所必须要求的重要内容。

第二节 职业道德

一、职业道德的含义

随着社会分工的细密化，职业走向多元化，不同职业之间又有着不同的规范要求，这是社会在不同发展阶段的必然产物。马克思说："职业由于分工而独立化。"随着职业的分化，职业道德就成为职业中一个重要的议题。所谓职业道德就是同人们的职业活动紧密联系的符合职业特点所要求的道德准则、道德情操与道德品质的总和。恩格斯也曾说，实际上每一个阶级，甚至每一个行业，都各有各的道德。每一个行业的道德就是职业道德。职业道德同人们的职业生活相联系的，第一，在内容方面，职业道德是对本职人员在职业活动中基本的行为要求，同时又是所在职业对社会所负的道德责任与义务。第二，在形式方面，因为每种具体的职业都有其特殊性，因此职业道德的行为准则表达形式往往比较具体、灵活、多样。第三，在调节范围上，职业道德主要是用来约束从事本职业的人员。第四，在功效上，职业道德一方面使一定社会或阶级的道德原则和规范"职业化"，另一方面又使个人道德品质"成熟化"。

二、新农村建设中加强农民职业道德教育的主要内容

职业道德作为一种特殊的意识形态，具有很强的规范性。它要求每一个从事正当职业的人在职业活动中都应当明确对企业、人民、社会和国家负有相应的义务，"应当怎样做"和"不应当怎样做"。《公民道德建设实施纲要》指出：职业道德是所有从业人员在职业生活中应该遵循的行为准则。职业道德涵盖从业人员的职业观念、职业态度、职业技能、职业纪律和职业作风等。结合新农村建设的实际，农民职业道德教育的主要内

容包括：

（一）诚实守信，合法经营

诚实守信，合法经营是农民职业道德教育的首要内容。诚实守信作为中华民族的传统美德，它的基本含义就是守诺、践约、无欺，即说老实话、办老实事、做老实人。"一言既出，驷马难追"，"言而无信，行之不远"等说的都是诚实守信的意思。诚实守信作为公民基本的道德规范，在当代，它是现代经济社会发展的一道底线，是人性中真、善、美的体现。不管是市场经济发展的内在要求，还是国家的强盛、民族的复兴，职业道德都发挥着社会基石的作用，凸显着时代的要求与价值。合法经营是指在国家法律规定的范围内从事生产经营活动，即农民所从事的活动应该在国家与法律所允许的范围内进行，不能把个人的一己私利凌驾于集体和国家利益之上，这是社会主义道德的一个基本原则。然而，改革开放打破了农村的宁静闲适，任何乡村再也无法与时代完全隔绝而守着一份清贫淡泊悠然度日，广大农村发生着前所未有的变化。在"让一部分人先富起来"的政策导向中，"诚实守信"和"合法经营"在农村的现实生活中出现了严重扭曲，部分农民个人主义、利己主义、拜金主义思想发展到了极致，为了追求个人财富而不择手段，不惜损害他人的身体健康和生命安全，甚至为了金钱和财富不顾自己的人格与尊严。"民以食为天"，然而近年来，各地相继发生了很多危害公共食品安全的事件，比如媒体曝光的影响比较大的"毒奶粉""甲醛造假酒""瘦肉精""地沟油""彩色馒头"等问题食品。食品是人类维持生存的最基本的物质基础，食品安全关乎每一个人的生命健康，但是这些"问题食品"足以向社会表明：诚信的缺失、非法经营已经突破了做人的底线，道德的滑坡已经到了令人发指的地步。一个国家国民的道德水平，体现着一个国家民众的基本素质，反映着这个国家的文明程度。"道德可以填补智慧的缺陷，而智慧却永远填补不了道德的缺陷"，然而部分农民公然践踏社会公德和法律，他们或掺杂施假、倾销劣质生产资料或者制造各种假冒伪劣商品，坑骗消费者，这些表现其实都体现了农民职业道德的缺失。农民诚实守信、合法经营的职业道德的缺失，必然造成整个社会的信任危机，最终威胁到社会的稳定与团结。温家宝总理指出，一个国家如果没有国民素质的提高和道德的力量，绝不可能成为一个真正强大的国家、一个受人尊敬的国家。要在全社会大力加强道德文化建设，形成讲诚信、讲责任、讲良心的强大舆论氛围。

（二）勤劳致富，厉行节约

传统农业生产的特点是生产力发展水平较低，因此精耕细作是农民一贯的生产方式，这就养成了农民刻苦耐劳、踏实肯干、勤俭节约的传统美德。20 世纪 80 年代，联产承包责任制的实行，使农民眼界大开，农民积极性的调动极大地促进了农村生产力的发展，农民温饱问题得到基本解决，发财致富成为大部分农民更高层次的生活追求。一些农村地区，拜金主义、"有钱就有一切"等物本主义观念泛滥，部分农民浮躁心理盛行，沉迷于一夜暴富，试图通过不正当、非法的手段致富。央视著名主持人白岩松在一次电视访谈中说，生命不是算术题，在那一瞬间的那种直觉和采取的行动就是对生命最大的尊重。反观这些农民的行为，不得不引起人们的反思。农民勤劳致富观念的培养，一定意义上应该体现出对生命的最大尊重，而不是用良知去交换所谓的金钱。当然，我们也承认，在社会主义市场经济条件下，相当多的农民是通过自己的聪明才智勤劳致富的。但是，在新农村建设中逐渐富裕起来的农民却存在一些不健康的生活方式，有些农民不是将勤劳致富的钱用来扩大农业的再生产，而是大搞浪费之风和赌博之风。

（三）爱岗敬业，乐于奉献

爱岗敬业与乐于奉献相辅相成，只有爱岗敬业，才能乐于奉献。所谓爱岗敬业就是指每一个人都应该认真对待自己的岗位，无论在任何时候，都对自己的岗位职责负责到底。爱岗敬业不仅是个人生存和发展的需要，也是社会存在和发展的需要。只有爱岗敬业的人，才会在自己的工作岗位上勤勤恳恳，刻苦钻研，一丝不苟，精益求精。然而，随着现代高科技的发展，社会分工越来越细密化，特别是流水线技术在生产中的应用更是大大提高了劳动生产率。从积极意义上讲，流水线技术在生产中的应用最终提高的是整个社会的生产效率，可以使社会创造出更多的财富。但是从消极意义上讲，流水线技术的工作流程最终会使得人像机器一样，对工作产生厌烦与倦怠。因为流水线技术是将每条指令分解为多步，并让各步操作重叠实现几条指令并行处理，只要你从事某种工作，只要你在某个岗位，就会日复一日，年复一年的重复同一个动作。在这样的工作环境中，何谈爱岗敬业呢？没有爱岗敬业的意识，那么乐于奉献也就无从谈起了。深受封建落后观念的影响，农业被一直当作低收益的行业，农民一直被认为是低贱社会身份代名词。有些农民也在这一思想意识的影响下认为农业是低贱的职业，他们认为职业的高低与报酬的高低才是划分职业贵贱的标准，因此，相当一部分农民千方百计地"跳龙门"，想尽一切办法发财致富。

　　总之，为了使农民真正成为新农村建设的新型农民，社会成为真正的理性社会，就必须要有职业道德规范对农民的约束。职业道德就其本质而言，是关于人性、人伦关系及结构等问题的基本原则的概括。它往往代表着社会的正面价值取向，起判断行为正当与否的作用。农民职业道德教育对于推动新农村的进步，对于农民的行为选择，对于农民的社会实践具有深层次的影响。

第三节 家庭美德

一、家庭美德的含义

家庭是一种社会组织形式。它的基础是男女两性的结合，但这种结合是男女两性依据一定的法律、道德、风俗规定而建立在婚姻关系、血缘关系或收养关系基础之上的社会组成单位。恩格斯在《家庭、私有制和国家的起源》一书的序言中指出："根据唯物主义观点，历史中的决定性因素，归根结蒂是直接生活的生产和再生产。"在这句话里，"再生产"就是指家庭生产。在恩格斯看来，家庭生产与劳动生产同等重要，离开了家庭生产，那么劳动生产就会受到影响。

从社会学的角度看，家庭是初级社会群体，它满足着人类各种不同的需求，比如，物质的、精神的、情感的需求等，而作为社会最基本组成单位的家庭来说，家庭美德建设是社会主义思想道德建设的一项基础工程，是社会主义道德在家庭生活中的具体体现，它对于发展社会主义先进文化的内容，促进社会的文明进步等具有重要的意义。首先，家庭美德是维系家庭和谐的重要精神支柱。家庭的和谐幸福与否，固然与家庭的物质生活水平相关，但更重要的还在于用什么样的价值观念来指导和调整家庭生活中的各种关系。家庭是一个融合各种复杂关系的极为密切的群体，涉及两性关系、道德关系、法律关系、经济关系、血缘关系，等等，由于家庭成员在年龄、辈分、性格、文化、理想、志趣等方面总是参差不齐的，故而家庭中的利益矛盾、兴趣冲突也就不可避免。因此，用家庭美德来规范、调节、约束家庭成员的行为就成为维系家庭和谐幸福的重要因素。其次，家庭美德是社会安定团结的保障。家庭是社会的细胞，甜蜜而温馨的家庭生活是社会和谐稳定的重要基础。俗话说，家和万事兴。一个人有了温暖和谐的家，享有物质生活和心理情感上的保障与关爱，这不仅有利于家庭成员身心健康的和谐发展，使人们以宽容、积极的心态与社会进行交往，而且有利于社会的安定与团结。再次，家庭美德是社会道德的有益补充。家庭美德赋予了公民价值反思、是非判断的能力，并发展了人们的社会价值意识，从而能够使家庭成员更有效地对外部世界进行价值思维和价值判断，自觉地调控自己的行为，使自己成为遵纪守法的好公民。同时，又能使人学会选择，确定人生的目标，懂得如何满足自己的需要和实现自我的价值，使自己的人生充实、闪光和富有积极意义。最后，家庭美德是公民个体道德化的摇篮。家庭作为人类的初级社会群体，它是个体与社会的中介，是引导个体走向社会的桥梁。在人的社会化过程中，家庭对其成员有着潜移默化的作用。从这个意义上说，家庭美德是个体与社会发生联系的润滑机制，当家庭美德与社会公德、职业道德趋于一致时，个体道德的社会化就能沿着健康的轨道发展。反之，家庭美德建设的错位也必将危及个体道德社会化的实现。

由此可知，所谓家庭美德，就是指每个公民在家庭生活中应该遵循的基本行为准则和高尚的道德规范，家庭美德是人们美满幸福生活动力源泉，只有每个家庭成员能够加强自身的道德修养，并能自觉约束自己的行为，才能营造一个良好的家庭氛围，为自己的发展创造一个良好的家庭环境。

二、家庭美德建设内容

尽管法律以明文规定的形式赋予了家庭成员之间相互的权利和义务，但在家庭生活里，每个成员所担当的角色有所不同，这就要求家庭中需要较多地以道德的力量对其成员进行一定的约束，并使其家庭能够很好地实现自己的职能，在社会中发挥应有的作用。党的十四届六中全会提出，家庭道德的主要内容包括：尊老爱幼、男女平等、夫妻和睦、勤俭持家、邻里团结。

（一）尊老爱幼

尊老爱幼，是我国的优良传统，孔子的"仁义礼智信温良恭俭让"，孟子的"老吾老以及人之老，幼吾幼以及人之幼"都是尊老爱幼的体现。这些传统美德理应成为新农村建设中农民必须遵循的道德准则和行为操守。在我国，随着家庭核心化的趋势日渐明显，家庭规模不断缩小，家庭结构更多地以"四二一"结构为主，而老龄化社会的到来又在某种程度上加剧了年轻人的经济负担。逐渐走向老年是任何一个人摆脱不掉的生理规律，随着老年人身体健康状况每况愈下，精力也不再充沛，需要年轻人的照顾时就更加凸显出尊老的社会意义，因此，尊敬老人、关爱老人，处理好对老年人的赡养问题就成为家庭美德建设中必须关注的一个重要内容。从这个意义上说，老年人的问题解决的如何是新农村建设中精神文明发展的重要标尺，为此，我们既要弘扬中国"孝"文化的精髓，也要剔除中国"孝"文化中的糟粕，在农民中形成尊老爱幼的家庭道德新风尚。我国最早的一部训诂书《尔雅》云："善事父母曰孝"。然而，仅仅是赡养还不能称之为"孝"，赡养只是起码的要求，能养不等于孝，只有敬才是孝的精义。孔子认为要以敬的态度赡养父母，关心父母的健康，以敬爱的心情与和颜悦色的态度对待父母。《礼记·祭义》也说："孝子之有深爱者必有和气，有和气者必有愉色，有愉色者必有婉容。"诚于中必形于外，子女对父母有敬爱之心，必然会尽力使父母愉快生活，享受天伦之乐。所以，尊敬老人、关爱老人就是不仅要保障他们的物质生活，还要给以他们情感的关怀、精神的慰藉，使孤独和寂寞不再成为老年人面对的问题，让他们在生命的最后阶段感到自身的价值、体面和尊严。从这个角度来讲，尊敬老人就是尊敬未来的自己，今天年轻的我们，就是明天的年老的自己。让他们安享晚年，获得尊重和情感的关爱是每一个人都需要面对的问题。新农村建设中，农民只有懂得"亲亲""爱人"，懂得反哺、感恩，才能真正成为一个有基本良知、有道德的社会主义新型农民。

爱幼，是一切生物具有的天然本能。人类的婚姻制度不仅仅是为男女两性关系提供保障，在其更本质的意义上讲，这是通过一夫一妻这种稳定的家庭形式为下一代创造一个安全、温暖的成长环境，这是保障社会延续下去的需要。然而，由于现代社会压力的逐渐增大，有些父母难以忍受社会及家庭的压力，不尊重孩子，随意呵斥、打骂、伤害孩子的行为时有发生。其实，在孩子成长的过程中，父母的爱对孩子的顺利社会化有积极的影响，如果孩子在爱的缺失的情况下成长，那么很容易造成孩子性格的扭曲，有的甚至把对父母的怨恨转化为对社会的挑衅和破坏。而与之相对应，有一些孩子不是缺失爱，而是家庭给予的爱太多以至于遏制了他们对挫折的承受能力。很多年轻的父母认为在自己年轻的时候受到很多的苦，甚至缺衣少食，而现在自己有能力给予孩子最好的物质，所以孩子就是家庭的中心，孩子被寄予着家庭的希望，孩子所犯的错误都是因为年幼所致。然而正是这种教育理念的偏差，使孩子形成了任性、依赖、缺乏独立性、以自我为中心等偏执的畸形人格，这样做的结果必将把孩子推向危险的边缘。孩子是祖国的未来，是祖国的希望，然而只懂索取爱，不懂得去施以爱，没有责任感的下一代也必将是"垮掉的一代"。总之，新农村建设不仅要有优美的环境，更要有良好的社会风尚，两者相得益彰，才能营造一个良好的新农村建设氛围。

（二）男女平等

男女平等是社会主义家庭美德的又一重要内容。男女平等就是指男女在政治、经济、文化和社会生活以及家庭生活等各方面享有同等的权利，履行同等的义务。现代社会，夫妻关系以男女之间相互爱慕为基础，以夫妻双方的相互平等为原则，以夫妻双方相互尊重个性发展为前提而建立起来的婚姻共同体。这就要求婚姻家庭生活中既要有高尚的爱情，又要求其能承担社会的责任。具体来说：

一方面，要求夫妻关系平等。夫妻关系平等的原则就是彼此间相互尊重、相互依存、相互忠诚，夫妻之间有对等的权利和义务，共同对后代、家庭和社会尽自己应尽的职责。现代社会夫妻关系平等的典型特点是：夫妻双方有各自相对独立的社会交往范围而且互不干涉；夫妻双方在处理家庭内外各种事务时共同决策；夫妻双方共同承担家庭内部日常生活的各项工作。然而，"妻与夫齐"在现代社会更多地成为一句空话，丈夫对妻子有着无限的权利，妻子是丈夫的私有财产，妻子则必须服从于自己的丈夫。尤其是在农村，妻子始终处于丈夫的管制之下，被剥夺了权利，处于从属于丈夫的地位，以夫的人格作为自己的人格。新农村建设中，传统的夫妻之伦、宗法伦理在农村依然严重地制约着男女平等思想的实现，大部分女性仍然生活在男权的桎梏之中。

另一方面，要求在生育和抚养子女时的男女平等。然而，封建的残余思想犹存于现代社会之中，重男轻女、歧视妇女的现象依然存在。现代社会，女性还是更多地承担着抚养孩子、赡养老人的责任，做着大部分家务，而不管她经济是否独立。恩格斯认为，一个社会的进步状态可以通过女性的解放程度来加以衡量。男女平等是社会历史发展的客观趋势，要促进男女关系的平等，必须使女性拥有与男子同样的经济地位，这是实现男女平等的先决条件。如果女性在经济上对男性依赖，就不能拥有与男性同样的社会地位，就会使女性处于男性的支配之下，成为男性施暴的对象，由此导致了许多悲剧的发生。由此可知，新农村建设中，男女平等作为家庭美德建设的一项重要内容，它不仅仅只是一句口号。男女要实现真正意义上的平等，就必须使女性与男性有同样参与社会活动的机会，它不仅关系到新农村良好社会风尚的形成，还关系到一个社会的文明与进步。

（三）夫妻和睦

家庭美德中比较重要的一点也体现在夫妻关系上，男女平等为夫妻和睦提供了一个基本的前提。《礼记·中庸》曰："君子之道，造端乎夫妇；及其至也，察乎天地。"由此可知，夫妇之间的结合是以情感为基础的，在这份情感的基础上，才能建构起超越家庭之外的天地间的情感。然而，随着女权主义的觉醒，平等主义的理念为大多数人所接受。妇女开始走出家门，涉足于家庭领域以外的社会领域。然而女性通过教育和就业逐渐获得经济的独立之后，夫妻之间的公开冲突就呈上升趋势，近年来离婚率的逐渐上升就是夫妻关系走向极端的很好的例证。

其实，个体生命在家庭中得到的最好滋养就是夫妻和睦。著名德国诗人歌德也曾说：不论皇帝还是庶民，能在自己家庭中得到和睦就是最幸福的人。如果夫妻情感的根基受到了破坏，那么生命后续的社会性建构就成了无本之木。尽管夫妻之间有矛盾冲突，甚至婚姻走向解体是不可避免的事实，但无论如何，夫妻作为家庭人际关系中最亲密的伴侣，在长期相互依存、相濡以沫的共同生活中，还是会产生和发展出深情厚谊，故而彼此依恋。特别是在中国人传统的观念中，孩子就是维持夫妻之间感情的最好的纽带，这也就使得夫妻之情能够保持的更加久远。司马光在《家范》中曾指出，要维系好夫妻关系，妻子应具备六种品德，他说为人妻者，其德有六：一曰柔顺，二曰清洁，三曰不妒，四曰俭约，五曰恭谨，六曰勤劳。宋若华所作《女论语》也指出："夫刚妻柔，恩爱相因。"这些思想如果剔除其中"男尊女卑"的不合理因素，在今天看来，依然对构建夫妻和睦关系有其可借鉴之处。因此，新农村建设中，夫妻和睦作为家庭美德建设的内容之一，如何调适夫妻关系仍然是新农村建设中亟待研究与解决的问题，它对于维护家庭的稳定、社会的和谐都具有重要的意义。

（四）邻里团结

在中国广大农村，农民居住的特点是房屋紧密相邻，特别是随着近年来农村经济的发展，农民生活条件的改善，很多农民都盖起了楼房，改变了以前那种低矮的平房居住模式。自古以来，"远亲不如近邻"是友邻之爱的真实写照。然而，富裕起来的农民，每个家庭高高耸起的门楼和宽大的铁门并没有改善邻居之间的关系，相反邻里之间却竖起了一道无形的大门，这个大门不是空间上的远近，而是心理上的距离。尽管农村家庭生活独立性不断增强，邻里关系也趋向理性化，但是友邻之爱对于新农村建设的意义却不容置疑。"它减轻痛苦和贫困，它提高福利和幸福，它以感情和信任把心联结起来"。相反，冷酷自私的邻里关系，不仅实现不了自己的个人利益，而且进一步恶化了邻里关系，使人与人之间的情感更加冷漠。因此，新农村建设中，善于对邻里之间的摩擦与矛盾进行有效的调解与解决也应该成为家庭美德建设的内容之一，否则小的摩擦就会酿成大的矛盾。发挥友邻之爱，让处在困境中的农民能够相互帮助，从而营造一个和谐的家庭之外的和睦环境，这不仅是淳朴民风的回归，同时也很好地避免了市场经济对人际关系的消极影响，这也是新农村建设中乡风文明建设的要求。

第四节　个人品德

一、个人品德含义

个人品德是社会公德、职业道德和家庭美德建设的重要基石，又有着一定的独立性。品德是道德品质的简称，是指个人遵守社会道德规范而在行动时所表现出来的稳定特点，是稳定的道德行为需要与为满足这种需要而掌握的稳定行为方式的统一体。品德是由多种心理成分共同构成的一个复杂整体。其中的共同成分基本上可以归纳为：道德认识、道德情感、道德意志和道德行为。道德认识是指对于行为规范及其意义的认识，是人的认识过程在品德上的表现。道德情感是人的道德需要是否得到实现及其所引起的一种内心体验，也就是人在心理上所产生的对某种道德义务的爱憎、喜恶等情感体验。道德意志是一个人自觉地调节行为、克服困难、实现一定道德目的的心理过程。道德行为是在一定道德意识支配之下所采取的各种行动。它是实现道德动机的手段，是道德认识和其他心理成分的外部标志和具体表现。道德认识是品德的基础，它对道德行为具有定向的意义，是行为的调节因素。同时，道德认识也是道德情感产生的依据，对同一事物或行为，人们的认识不同，就会产生各自不同的情感。道德情感是个人道德行为的内部驱动力之一，当道德认识和道德情感成为经常推动个人产生道德行为的内部动力时，就成为道德动机，有了道德动机才能导致道德行为的产生。人们在具有了道德认识与道德情感的条件下，是否会产生相应的道德行为往往取决于道德意志。

道德行为是道德品质的重要标志，看一个人的道德品质如何，不在于他的谈吐是否动听，而在于他的言行是否一致，他的道德行为是否具有一贯性。个体品德也可以被看作人们对品德的认识态度和自身的素质状态，它体现为一种认识与实践属性。如果个体没有一定的道德伦理修养，很难想象个体能够自觉遵守社会公德、职业道德、家庭美德。因而，个人品德建设能促使个体达到道德自觉与自由的境界。反过来讲，表面上遵循着社会公德、职业道德和家庭美德的人并不一定是自觉的道德个体。如，个人慑于社会的压力而服从于一定的社会公德，从表面上看他仿佛是一个有道德的人，但他实际上并不具备道德自觉性。个人品德建设具有基础性和根本性的作用。个人品德的构建必须坚持正确的世界观和方法论的指导。没有正确的世界观与方法论作指导，个人品德将是畸形的或不牢固的。因而，个人只有真正树立科学的世界观与方法论，才能自觉地、从内心深处建构起自觉的道德体系。

二、个人品德建设的要求

个人品德不是天生的，而是一个学习与实践的过程，是一定社会实践的产物。新农村建设中，加强新型农民的个人品德建设，应该从以下几方面着手：

（一）自尊

人的尊严是指人拥有应有的权利，并且这些权利被其他人所尊重。每一个正直的人都应该维护自己的尊严，保持自己的自尊心。高度的自尊心不是骄傲、自大或缺乏自我批评精神的同义词。自尊心强的人不是认为自己处处比别人优越，而是对自己有信心，相信自己能够克服自己的缺点。苏联著名的教育实践家和教育理论家苏霍姆林斯基认为，没有自我尊重，就没有道德的纯洁性和丰富的个性精神。自尊心，是一块磨炼细腻的感情的砺石。英国著名的历史学家汤因比认为，人要想对自己的尊严有所觉悟，就必须谦逊。他认为：说人是有尊严的，这只限于没有私心的、利他的、富于怜悯的、有感情的、肯为其他生物和宇宙献身的这种品质。传统农民由于生活的贫困和知识文化的匮乏而导致严重的心理自卑。随着经济的发展，农民的独立性和自主性逐步增强，自尊心也日益提升。丰富的社会关系不仅使他们走出了自我狭隘封闭的圈子，而且使他们与其他不同社会群体进行交往，进而开阔了视野，使他们对其他社会阶层的认知更加全面、更加客观，盲目崇拜、敌视他人的极端心态逐步得以消除。

（二）自立

"自立"的基本含义是指独立自主，靠自己的力量有所建树。自立建立在自强的基础之上，它是一种良好的民族品质，一种可贵的民族精神。作为中华民族的传统美德，是中华民族深厚文化底蕴的反映，是使中华民族屹立于世界民族之林的重要基础。《周易》曰："天行健，君子以自强不息。"唐代王勃在《滕王阁序》中说道："老当益壮，宁知白首之心？穷且益坚，不坠青云之志。"明末顾炎武有诗云："苍龙日暮还行雨，老树春深更着花。"毛泽东同志则提出"自力更生"的主张。正是因为这种自立自强的精神，在中国共产党的领导下，中华民族走向了复兴，神州大地重新焕发了光彩，中华民族屹立于世界民族之林。当前，尽管我国广大农民积极拥护社会主义新农村建设，但仍然有部分农民在新农村建设的认识上存在偏差，他们认为，新农村建设主体应该是政府，政府应该为新农村建设出钱，而他们自己出力就行。还有部分农民主体意识较淡薄，"等靠要"思想严重，消极被动、等待观望的现象在新农村建设中比较突出。因此，加强新型农民的个人品德建设就是要依靠宣传、机制、政策等的力量唤醒农民自立自强的精神，使之主观能动性得以充分发挥，使之处处彰显出创业的热情和发展的活力，使之树立通过自己的努力彻底改变自身命运的观念。

（三）宽容

人们常说，无欲则刚，有容乃大。宽容是一种良好的心理品质，是一种非凡的气度、宽广的胸怀，是一种高贵的品质、崇高的境界。它不仅包含着理解和原谅，更显示着气质和胸襟、坚强和力量。《论语》中孔子说："君子之道，忠恕而已矣。己所不欲，勿施于人。"孟子也指出："爱人者，人恒爱之；敬人者，人恒敬之。"秦国宰相李斯在《谏逐客书》中讲："泰山不让土壤，故能成其大；河海不择细流，故能就其深。"与宽容相对立的是狭隘。农民由于文化程度不高，生活视野狭窄，因此很容易在认识上出现片面性，看问题绝对化和极端化。特别是生活中出现稍不如意就会生气，导致情绪上的冲动性和行为上的莽撞性。按照心理学的观点，人与环境的交流越多、越广泛，人的开放程度越大，心胸越开阔；一个人越是生活在封闭、抑郁的环境里，同环境的交流越少，思想、胸怀也就越容易狭隘。狭窄的空间范围塑造出狭窄的心胸，过少知识经验的输入导致偏激的认识——只见树木，不见森林。所以，新农村建设中，农民吃亏、被误解、受委屈的事总是会不可避免地发生，面对这些，最明智的选择就是学会宽容。因为狭隘必将萌生仇恨的种子，而仇恨犹如一把双刃剑，伤害别人的同时也同样伤害自己。所以，新农村建设中，农民具有的个人品德之一就是要学会宽容。学会宽容，世界将会变得更为广阔。正如莎士比亚的戏剧《威尼斯商人》中这样的一段台词：宽容是天上的细雨滋润着大地，它赐福于宽容的人，也赐福于被宽容的人。宽容就是和风细雨，令冰雪消融，生机无限。

总之，新农村建设给农民创造了更多发展自己的机会。但是，人的思想总是处于发展变化之中，由于每个人的文化程度、社会阅历、教育背景等又有着很大的区别，这就使得我们在运用道德、法律等手段在抵制物质利益的诱惑和不良风气的侵蚀，扫除毒化社会风气的种种丑恶现象，净化农村的社会风气，拯救农民的思想时更应该提高农民的道德品质境界。只有帮助广大干部和农民树立正确的人生观和价值观，不断开展社会公德、职业道德、家庭美德和个人品德教育，使农民树立健康文明的生活方式，反对拜金主义、享乐主义和极端个人主义，反对挥霍奢侈的风气，坚决打击农村中的各种社会丑恶现象，才能在新农村建设中营造和谐的新型人际关系，使人们自觉履行法定义务、社会责任、家庭责任，从而培育知荣辱、讲正气、作奉献、促和谐的良好农村的社会氛围。

（四）勤勉

在中国传统道德中，勤勉是普及范围最广、涉及人群最多、传播时间最久的美德之一。中国人民历来就以勤勉著称于世，他们以勤劳的双手、辛勤的劳动，创造着物质财富和精神财富，铸造了热爱劳动、吃苦耐劳、诚实勤奋、自立自强的优秀品质。

勤勉主要是指对待劳动和生活的态度，二者紧密联系，互为表里。既勤且俭不但能不断地创造、积累财富，而且能减少财力、物力、人力、资源的消耗，为持续发展创造条件，提供支持。

勤勉不是小气，也不是吝啬，而是一种健康的生活观点，是社会的一种文明，因而被历代广泛传承。大到国家，小到家庭，不分贫富贵贱，纷纷推崇。当今，如果能将勤俭文明之风盛行于社会的各个方面，它仍是国之本，家之幸，民之福，是建成美丽中国的重要元素。

勤劳是人的最好的品质。常言道：勤恳是幸福的源泉，懒惰是万恶之本。人只要能养成勤恳的习惯，就不会懒惰和懈怠，实现目标、成就事业、发明创造，便有了最基础的条件。

1. 勤劳的本意

勤的基本意思是做事尽力，不偷懒，不使滑；认认真真，踏踏实实，不怕吃苦，努力工作，干好每一件事情；也包含经常地、连续地、频繁地、甚至重复地做一件事情的意思。将勤的意思延伸，也可为情愿做细小的、具体的、琐碎的事务。劳的基本意思是用体力创造物质财富，用脑力创造精神财富，它是做一件事的过程。这个过程自始至终必须付出，用体力或脑力去换取，实现预期的目标或结果。把勤和劳结合在一起，就是勤快、勤奋、勤恳、勤勉，为实现理想和目标进行不懈的努力，用辛勤的劳动创造物质财富和精神财富。

当然，勤劳的外在表现就是要舍得投入，投入成本，包括时间的、物质的和货币的；投入精力，包括体力的和脑力的。不舍得投入，不做出付出，勤劳就无从谈起。

2. 勤劳的内涵

勤劳是指习惯于勤奋工作，坚持不懈的工作态度。勤劳是中华民族的优秀品质，是最值得高度赞美的美德之一，是永远受到尊敬的美德。勤劳也有丰富的内涵。

（1）勤劳是人最基本、最可贵的品质

一个人，无论你从事什么职业，无论你处在什么阶层，无论你为民还是当官，勤劳都是你最基本、最可贵的资源和财富。每个人出生的年代不同，家庭出身不同，生活所处的环境不同，成长的经历不同，生活的方式不同，世界观不同，天资高低不同，受教育的程度不同，但是，勤劳的品质是所有乐观向上的人的共同需要。一个人贵为天子时需要勤劳，沦为庶民后也需要勤劳；天赋平常的人需要勤劳，天资聪明的人也需要勤劳。日子贫穷的人需要勤劳，生活富有的人也需要勤劳。勤劳能使饥饿的人得到食物，解决温饱；勤劳能使我们的生活得到提高，环境得到改善；勤劳能使我们的学习更有兴趣，工作更有效率；勤劳能使优秀者更优秀，富有者更富有，成功者取得进一步的成功。所以说，勤劳是人最基本的品质。

人世间，思想家、科学家、艺术家、作家、大老板、企业家、富商巨贾……大凡有成就的人，您可以任意找一个，然后去研究他的一生，就会发现，他们全都经历过勤劳的过程，尝试过勤劳的辛酸，享受过勤劳的快乐。他们都有一个共同的认识，认为勤劳是成功的根本因素。

（2）勤劳的核心是吃苦耐劳

勤，就是要珍惜时间，勤学习，勤思考，勤探究，勤实践。勤劳和勤奋是"双胞胎"，勤劳侧重于体力的，勤奋侧重于脑力的，二者均指做事尽力，不偷懒。庄稼的丰收来源于勤劳，环境的改善来源于勤劳，技艺的提高来源于勤奋，学业的造诣来源于勤奋，可以说，勤劳和勤奋是事业成功的必经途径。没有勤奋，天资聪慧的主体优势就不会得到发挥；没有勤劳，不利的客体状态就得不到改善。

世界上最宝贵的除了良好的心理素质，还有一个东西，就是勤奋。最宝贵的勤奋，不光是身体上的勤奋，而是精神上的勤奋。勤劳着重于勤，就是经常地、不断地去做，不辞辛苦，辛勤劳作，勤奋学习。具体来说，它包含以下几层意思：

首先，要手脚勤快。一个人应把手脚勤快看作是对自己的最基本要求。因为只有手脚勤快才能养成良好的生活习惯，工作习惯，才能得到周围人的赞赏，才有可能担当重任。过硬的作风正是从这样的生活小事上培养起来的。

其次，要不断总结。勤奋使你从实践中获取新知识，发现新问题，找出规律性的东西。勤奋也可以说是自己为自己创造的一个"机遇"。这个"机遇"就是增长知识，增强解决问题的能力，甚至会达到前人所未有的境地，找出解决难题的办法，这就会推动学业的进步和学科的发展。这个"机遇"就会使你成名成家，成名成家的背后是艰苦的劳动和超人的付出。陶渊明说过，勤学如春起之苗，不见其增，日有所长；辍学如磨刀之石，不见其损，日有所亏。一个人的一生是时时、处处、事事都要用心学习的，不学习就会愚蠢、就要落后。勤劳表现在学习上就是勤奋努力，勤学苦练。学习勤奋了，一个人所掌握的知识就多了，就为技能的提高奠定了基础。人的大脑如同一部机器，常运转就灵活、好使，不动用就会死板、生锈。在这里，勤奋就是成功的最主要的因素之一。勤奋能弥补先天的不足，只要勤奋，总是有所回报的。

第三，要吃苦耐劳。无论是体力劳动，还是脑力劳动，一旦干起来都不会很轻松，有时十分辛苦和劳累，有时会让你灰心丧气。在这样的情况下，坚持勤劳的心志，它会增强你的信心，扬起驶向胜利的风帆。发扬勤劳的精神，只讲勤快、勤勉、勤奋还不行，还必须吃苦耐劳，要能吃大苦耐大劳才行。有的人出了一点力，流了一点汗，就叫苦叫累；有的人做了一点工作就要功劳、要苦劳；这还没有达到勤劳的基本要求，还谈不上勤劳。真正的勤劳，不怕出力，不怕流汗；天天这样，经常这样，永远这样。

（五）诚信

在中国古代和现代社会中，诚信是最主要的道德规范，是维持社会和谐最重要的条件，是处理人与人之间关系的最基本的行为准则，也是个人修养的最主要的内容。它贯穿于整个道德生活之中，深刻地影响着中华民族道德素质的培养和道德精神的形成。

仁、义、礼、智、信合称"五常"，是儒家从古代众多的德目中概括、提炼出来的五种最基本的道德规范。诚信，是日常行为的诚实和正式交流的信用的合称，是做人的基本原则，是中华民族公认的价值标准。诚信的基本要求是待人处事要做到真诚、老实、讲信誉，一诺千金。中华民族的很多美德，都与诚信密切相关。

1. 诚实守信的本意

"诚实守信"中的两个核心字眼是"诚"和"信"。

什么是"诚"？诚是先秦儒家提出的一个重要的伦理学和哲学概念，以后成为中国伦理思想史的重要范畴。在孔子时期，"诚"还未形成为理论概念。孟子时期，诚不仅成为理论概念，而且位置十分重要。他说是故诚者，天之道也；思诚者，人之道也。在那时，诚不但被认为是天道本体的最高范畴，也是做人的规律和诀窍。荀子发挥了"诚"的思想，指出："夫诚者，君子之所守也，而政事之本也。"在《礼记·中庸》里，"诚"成为礼的核心范畴和人生的最高境界：唯天下至诚，达到"天人合一"的境界。《大学》把"诚意"作为八条目之一，即"格物、致知、诚意、正心、修身、齐家、治国、平天下"。"诚"成为圣贤们体察天意，修身养性和治国平天下的重要环节。宋代周敦颐进一步认为"诚"为"五常之本，百行之源也"。把包括诚实在内的"诚"看作仁、义、礼、智、信这"五常"的基础和各种善行的开端。程颐更为直截了当地说："吾未见不诚而能为善也"，其见解可谓是对诚与善的关系的深刻论断。宋代理学家朱熹认为"诚者，真实无妄之谓"，这句话肯定"诚"是一种真实不欺的美德。概而言之，诚是儒家为人之道的中心思想，是我们立身处世最主要的规范。

什么是"信"？"信"的基本内涵也是信守诺言、言行一致、诚实不欺。就是说话、做事要守信用、讲信义，它的核心是言行相符，"言必行，行必果"。《说文解字》认为"人言为信"。从字形上分析，信字从人从言，原指祭祀时对上天和先祖所说的诚实无欺之语。隋国大夫季梁说"忠于民而信于神"，"祝史正辞，信也。"后来，由于私有经济和私有观念的发展，原有的纯朴的社会秩序被逐渐破坏，国与国、人与人之间的交往不得不订立誓约。但誓约和诺言的遵守，仍然要靠天地鬼神的威慑力量来维持。春秋时期，经儒家的提倡，"信"始摆脱宗教色彩，成为纯粹的道德规范。孔子认为，"信"是"仁"的体现，他要求人们"敬事而信"。他说："人而无信，不知其可也。"孔子和孟子都将"信"作为朋友相交的重要原则。而历代当权者大都将"信"作为维护秩序的重要工具。《左传·文公四年》中说："弃信而坏其主，在国必乱，在家必亡。"《吕氏春秋·贵信》对社会生活中的信与不信之后果，作了淋漓尽致的剖析："君臣不信，则百姓诽谤，社会不宁。处官不信，则少不畏长，贵贱相轻。赏罚不信，则民易犯法，不可使令。交友不信，则离散忧怨，不能相亲。"汉代董仲舒将"信"与仁、义、礼、智并列为"五常"，视为最基本的社会行为规范；并对"信"作了较详尽的论述："竭遇写情，不饰其过，所以为信也。"他认为"信"须诚实，表里如一，言行一致。朱熹提出"仁包五常"，把"信"看作是"仁"的作用和表现，是主要的交友之道。他说："以实之谓信"，其说与孔子、孟子基本相同。在儒家那里，诚与信往往是作为一个概念来使用的。"信，诚也"，"诚"与"信"的意思十分接近。"诚"主要是从天道而言，"信"主要是从人道而言。故孟子曰："诚者，天之道也；思诚者，人之道也。"

如果再把"诚"和"信"两个字组合在一起，构成一个名词就是诚信。诚信之中，"诚"是由"言"与"成"组成，"信"是由"人"与"言"组成，这就是说"人只有说到做到，才能成功"。什么是诚信？从道德范畴来讲，诚信即待人处事真诚、言而有信。东汉著名经学家、文字学家（有"字圣"之称）、语言学家许慎在《说文解字》中的解释是："诚，信也"，"信，诚也"。可见，传统伦理将诚信作为人的一种基本品质，认为诚信是取信于人的良策，是处己立身，成就事业的基石。由此看来，诚实守信的本意就是诚实、诚恳、守信、有信，反对隐瞒欺诈、反对弄虚作假、反对伪劣假冒、反对虚情假意。用现代通俗的话讲，就是说老实话、办老实事、做老实人。

2. 诚信的价值和作用

早在两千多年前，孔子就提出了"足食""足兵""民信"三条治国之道，并指出其中"民信"是治国的根本。五千年的中国历史文化以无数的事实和先人的经验、教训告诉我们，诚信不管是对个人、社会，还是国家，都极其重要。它不仅是社会公德问题，而且是一种社会责任和义务。

（1）诚信是建立社会公德的基石

诚信是我国传统道德文化的重要内容之一。从老子、孔子、孟子、荀子、庄子到韩非子，再到秦统一中国后的历代圣贤哲人，都把诚信作为一项崇高的美德加以颂扬，生动显示了诚信在中国人心目中的价值和地位。从古到今，人们这么重视诚信原则，因为诚实和信用都是人与人发生关系所要遵循的基本道德规范，没有诚信，也就不可能有道德。所以诚信是支撑社会的道德的支点。

在中华民族五千年悠久文明的漫漫历程中，为什么"仁、义、礼、智、信"的观念能够留存至今？为什么我们今天所倡导的"诚信"依旧是亘古常新的话题？原因首先在于诚实守信是不同社会的共同道德要求。"诚信"并非一人、一地、一时、一事的权宜之计，而是自古以来，不同社会所共同要求遵循的道德准则，是整个社会赖以维系的道德支撑。不同社会正是借助社会公德的公信力，对"诚信"内涵的形成与发展提供了约束，从而使人类文明得以传承发展。其次"诚信"产生的积极影响，为发现和解决"诚信缺失"问题提供了道德支持。当中国走入市场经济，随着社会转型而来的各种"诚信危机"事件不绝于耳，"敌敌畏火腿"事件、"苏丹红"事件、"结石奶粉"事件等等缺德行为，令人震惊，教训深刻。而每一次"诚信危机"事件的产生，我们都更多的是去拷问这种行为对于社会公德的损害；每一次诚信危机的解决，也都是在以诚信为主要内容的社会公德的监督与约束下，让全社会更加关注社会公德建设的重大影响和意义。2008 年 9 月 20 日，温家宝总理在全党深入学习实践科学发展观活动动员大会暨省部级主要领导干部专题研讨班上，在作"关于深入贯彻落实科学发展观若干重大问题"的专题报告时指出："要加强公民道德、职业道德、企业道德、社会道德建设，在全社会形成诚信守法的良好环境。"所表达的正是"诚信是社会的公德"。再次，站在我们各自的岗位上，为了更好地履行个人的社会义务，也应坚信"诚信"是我们践行的社会公德。

（2）诚信是为政、治理国家的思想保障

诚信为政，可以取信于民，从而政通人和。倘若言而无信、掩人耳目、弄虚作假，社会就无从安定。诚信的对立面是欺骗，古有"欺君之罪"，"欺君"不仅是冒犯尊严，而且会误导决策，祸国殃民。"欺君"不可，"欺民"亦不可。所以，中国古代有商鞅立木树信的佳话，也有不讲诚信而自食恶果的烽火戏诸侯。中国古代思想家更是把"诚信"作为统治天下的主要手段之一。唐代魏征把诚信说成是"国之大纲"，可见"诚信"在治国中的重要性。中国自古就有"民惟邦本，本固邦宁""得民心者得天下，失民心者失天下"的明训，这些话至今依然是至理名言。

在今天建立现代市场体系的过程中，诚信也是规范市场经济秩序的治本之策。政府首先要讲信用，执政为民首先要取信于民。如果政府在决策上随意性大，甚至出尔反尔，其结果不仅降低了政府的公信力，背离了政府管理目标，而且损害行政效率，影响政府的权威和形象。《行政许可法》首次以法律的形式确立了行政领域的诚实信用、信赖保护原则。按照这一原则，行政机关必须做到：一是所发布的信息必须真实可靠；二是所作的决定、政策不能朝令夕改，政策要相对保持稳定；三是因客观原因，为了维护公共利益，政策、决定确需改变的，由此给百姓造成财产损失，行政机关要依法予以补偿。

对于一个国家、一个社会而言，"诚信"可以说是立国之本。国家的主体是人民，国家的主权也归于人民。国家的领导者依靠什么去团结人民呢？"诚信"是取信于民、团结人民的人文精神和道德信念。历朝历代，诚信都是为政之法，是治理国家的法宝。

（3）诚信是人际交往的道德基础

诚信不光是道德领域的问题，也是人际交往中的根本问题。

人生活在社会上，并不是独立的个体存在，难免要与他人发生这样或那样的关系，需要他人的关心和帮助。每个正常的人都有自己的亲人、朋友或是同事。除了血缘、工作关系或是其他关系外，诚信是真正持久维系人与人之间亲疏关系的重要因素。只有与朋友交，言而有信，才能达到朋友的信任。否则，朋友之间充满虚伪、欺骗，你就不会有真正的朋友。即便是亲人之间，诚信也不可少，你在亲人中没有诚信，最终难免众叛亲离。可见，诚信是交友之基。

在人际交往中，如何体现诚信呢？首先，以诚相待，真诚是相处的根本，如对朋友欺骗而无真诚，也就谈不上"知心知己"；对朋友不能以诚相待，友谊难以持久。故人际交往贵在真心、交心与知心。其次，以信相交，《论语·学而》曰："与朋友交，言而有信。"朋友间交往必须忠实守信，一旦朋友被欺，他就会远离而去，相处也就无从谈起。再次，以道义相交，人际交往要以道义为原则，这才是君子之交。君子交心，真心相待，友谊方能持久。

从反面的角度看，人失去信任，就会失去朋友。人没有了朋友就如同鸟失去翅膀，船失去了双桨；人没有了朋友就如同生活中没有阳光。一个人如果不守诚信，亲友远离你，遇到困难朋友同事不帮你，最终吃亏的是你自己。

（4）诚信是经商盈利的行为准则

在现代社会，商人在签订合约时，都会期望对方信守合约。诚信更是各种商业活动的最佳竞争手段，是市场经济的灵魂，是企业家的一张真正的"金质名片"。

首先，诚信是心灵良药。古语云："反身而诚，乐莫大焉。"只有做到真诚无伪，才可使内心无愧，坦然宁静，给人带来最大的精神快乐，是人们安慰心灵的良药。人若不讲诚信，就会造成社会秩序混乱，彼此无信任感，后患无穷。其次，诚信是企业和事业单位的立业之本。诚信作为一项普遍适用的道德原则和规范，是建立行业之间、单位之间良性互动关系的道德杠杆。诚实守信是所有从业人员在职业活动中必须而且应该遵循的行为准则，它涵盖了从业人员与服务对象、职业与职工、职业与职业之间的关系。蕴涵着组织内部、组织与组织、组织与外部各要素之间关系的优化与完善。诚信不仅产生效益和物化的社会财富，而且产生和谐和精神化的社会财富。在市场经济社会，"顾客就是上帝"，市场是铁面无私的审判官。企业如果背叛"上帝"，不诚实经营，一味走歪门邪道，其结果必然是被市场所淘汰。同仁堂有一条古训："炮制虽繁必不敢省人工，品位虽贵必不敢省物力"。他们遵循了 300 余年，但"济世养生，诚实守信"的理念始终不变，坚持货真价实，因此成了市场的"不倒翁"。其中的奥秘就在于用诚信塑造了企业的形象，也夯实了企业信誉的基石；它是竞争中克敌制胜的重要砝码，是企业的命根子，也是经商盈利的行为准则。

（5）诚信是家庭和睦的精神契约

从哲学的意义上说，"诚信"既是一种世界观，又是一种社会价值观和道德观，无论对于社会抑或个人，都具有重要的意义和作用。

古语云："家和万事兴。"中国人最重视家庭的和睦，认为家庭的和睦是一个人取得事业成功、社会认可的根本。诚信也是一个家庭和睦的前提。只有父母、妻儿、兄弟姐妹之间以诚相待、诚实守信，才可以和睦相处。如果家人之间缺乏信任，缺乏忠诚，彼此猜忌，就会导致家庭关系的崩溃。唐代著名大臣魏徵说："夫妇有恩矣，不诚则离。"只要夫妻、父子和兄弟之间以诚相待，诚实守信，就能和睦相处，达到"家和万事兴"之目的。若家人彼此缺乏忠诚、互不信任，家庭便会逐渐走向崩溃。

不难看出，诚信诚然是立身、立业、立国的法宝。

在社会生活中，诚信不仅具有教育功能、激励功能和评价功能，而且具有约束功能、规范功能和调节功能。就个人而言，诚信是高尚的人格力量；就组织（单位、企业）而言，诚信是宝贵的无形资产；就社会而言，诚信是良好的行为准则；就国家而言，诚信是良好的国际形象。

3.如何建设诚信

诚信，即诚实、守信，是一种伦理道德观和价值观，又是一种做人、做事的基本准则，也是做人的"资本"。"自古修身在信诚，一言为重百金轻"。

(1) 加强对全民的诚信教育

所谓"诚信教育"，就是以诚为本的教育，是建立在诚信基础上的，对自身、对学生、家长和社会，对科学、学问等所有教育的主客体均实事求是、讲求信誉和信用的教育。当今时代，诚信也是一种最基本和最核心的道德品质。现代人际交往的所有行为准则和道德规范，都要以诚实守信的精神素养为基础和前提。诚信作为一个人思想道德素质最核心的外在表现，是社会度量一个人的"无形资产"，是一个人的人格形象。这笔资产如果丰厚，不仅可以获得社会的认可和信赖，还会拥有最健康的人际关系，从而帮助人们获得人生的幸福。

在加强对全民的诚信教育的举措上，有一个非常基础的工作，那就是对在校学生的诚信教育，尤其是在基础教育和高等教育的两个环节上。

诚信最基本的一点就是不欺骗他人，不欺骗他人是做人的道德底线，也是诚信的起码标准。一个无诚信的人就是丧失了品德，是一个身心不健康的人，不仅伤害了自己，也将会伤害他人。

(2) 加强自我的道德修养

儒家十分重视"修身为本"的思想，认为齐家、治国（原指诸侯国）、平天下，都以自我修养为根本。根据"修身为本"的思想，要求每个人在求学阶段，务必先从自己修身养性做起，不断地磨炼自己的诚信品格，诸如在日常生活中严格地要求自己做到不自欺亦不欺人，不护短亦不造假，在无人监督时亦能自律，把诚信作为中华民族传统美德和传统文化的精神追求，视为为人处世之本、养德修业之源。

为实现自我的诚信道德修养，应该在政治生活方面，以诚信为价值取向，勇担政治责任和历史使命，自觉践行政治信用，规范自己的言行，忠诚报效祖国。在经济生活方面，将诚信作为最基本的道德准则，自觉抵制不信守合同、生产或销售伪劣假冒产品、拖欠工资或应该支付的款项、助学贷款等不良行为。在职业工作方面，认真履行职业道德和职责义务，踏实工作，遵守诚实守信的道德规范，将诚信理念贯穿职业生涯始终。在学习科研方面，坚守诚信学习品德，杜绝学术欺诈、鄙视各种作弊行为并与之决裂，追求真知、营造良好的文化风气。在人际交往方面，在朋友交往、商业交往、官民交往、网络交往等等多种交往中，提倡以诚实守信的人格素养作为人际交往的基础和前提，构建和谐人际关系。

（3）健全社会法制体系

健全的社会法律体系是维系诚信和谐社会最基本的保证。

社会信用缺失，既与诚信教育不够有关，更与法规的滞后、政策的不完善和制度的不健全相联。目前，社会市场经济活动中大量存在的无照经营，商标侵权，制假售假，合同欺诈，虚假招标，骗税逃税，伪造假账，恶意拖欠，变相传销等不胜枚举的问题，都是严重的违法行为，其中不少案例已经造成了极其恶劣的后果，如果对此早都有明确的法律规定和足够的执法力度，让他们初次违法就尝到必须付出的沉重代价，便可以起到遏制作用，也会使其中一些人及早接受教训，不至于酿成大祸，自己走到毁灭的一步。

法律是反映社会公德最低的底线，人们的言行如果超越了这个底线，就是违法，就要受到法律的制裁。如果法律制定比较全面、具体，喜欢说谎的人就要考虑骗了人以后会有什么样的法律后果，掂量一下会不会收到法院的传票，因此会更谨慎行事。如果我们的法律不足以给违法者足够的惩罚和教训，使其伤筋动骨，甚至倒闭破产，从此再也不敢干违法的事情，他们必然会卷土重来，甚至变本加厉，把更多的损失继续转嫁给无辜的老实人。

所以，我们在倡导诚信时，一定要有相应的法律，并且向国民强烈灌输违法要受到法律的制裁的警示。

（六）敬业

敬业就是对从业者来说要"忠于职守"，"敬业乐业"的职业精神，"忠于职守，敬业乐业"是职业道德的基本内涵，它既是中华传统美德的重要内容，也是职业农民的基本要求。

1. "敬业"的职业精神

"敬业"是对职业精神的高度概括，要回答的是如何去忠于职守的问题。它是从业者对自身职业的认识和态度。在思想领域，它是指从业者在世界观、人生观、价值观作用下形成的认识；在实践领域，它要求从业者敬业、乐业、勤业、创业、守业；在公共领域，它表现为从业者内心对所从事职业的一种敬畏、热爱、执着甚至献身精神。

（1）兴业就业　民生之本

"业"有很多种说法，如行业、事业、职业等。这里所说的"业"主要指职业，是指从业者在某个岗位上正在从事的工作。马克思指出："任何一个民族，如果停止劳动，不用说一年，就是几个星期，也要灭亡。"这说明劳动不仅创造了人和人类社会，而且是人类社会赖以存在和发展的基础。而劳动是建立在有业可就的基础之上，"兴业就业"是民生之本。"业"既是民众赖以生存的平台，又是国家赖以"德化""教化"的基础。孔子说："饱食终日，无所用心，难矣哉！"（《论语·阳货》）又说："群居终日，言不及义，好行小慧，难矣哉！"（《论语·卫灵公》）孔子是大教育家，主张"有教无类"，在其心目中几乎没有不可教导之人，但唯独对"饱食终日"与"群居终日，言不及义"这两类无业游民摇头叹息。梁启超甚至把这类有"业"不就的人称为"掠夺别人勤劳结果的盗贼"。在中华传统职业道德观中,自古就有不劳动者不得食的观念。唐朝有一位名僧百丈禅师,他常常用一句格言教训弟子,说道:"一日不做事,一日不吃饭。"他每日除上堂说法之外,还要自己扫地、擦桌子、洗衣服,直到 80 岁,天天如此。有一回,他的门生想替他服务,把他本日应做的工悄悄地都做了,这位言行一致的老禅师那天便绝对地不肯吃饭。可见"兴业就业"对于人生、对于民生、对于社会的极端重要性。

(2)敬业勤业 责任要求

既然"业"是民生之本,是人类赖以生存发展的基础,"敬业勤业"就天经地义,它既是忠于职守的体现,也是岗位的责任要求。"敬业勤业"是任何历史时期的任何一个从业者都必须秉持的职业态度,它是从业者做好本职工作的基本前提。对此,我国传统道德观给出了一系列相应的道德规范,大力提倡敬业、勤业、精业意识。

(3)乐业勤业

由"敬业"而"勤业"是外在的责任要求,虽然高尚,但却不可否认的具有被动性,而由"乐业"达到"勤业"则是从业者内在的需要,是从业者对职业内容趣味性的追求,可以保持更持久的"勤业"动力,因此,可为"忠于职守"提供更可靠的保障。自然而然,这也是世世代代许多人感叹"工作好苦"的原因所在。如此看来,一个人是以工作为苦,还是以工作为乐,主要不在于工作本身,而在于工作时的心态,在于是否能体味出工作的趣味。因此,也可以说,世上最苦的人不是工作最多最劳累的人,而是不能就业和厌恶自己职业的人。

2."忠、敬"缺失的百业之害

"忠于职守,敬业"是职业道德的核心内容,是对各行各业从业者的基本道德要求。但在思想多元化大背景下,由于受到极端个人主义、享乐主义价值观的影响,"忠、敬"道德在世界范围内受到严重的冲击，而我国是重灾区，其严重的现实之害已引起国人的高度不安，也在世界范围内造成了极为负面的影响。

(1) 假象充斥　代价惨重

假象充斥是"忠、敬"缺失的最主要表现之一。一段时期以来，"假"的问题不断浮出水面，成为国人挥之不去的一块心病。比如食品安全问题。十余年来，我国食品安全领域从三聚氰胺奶粉、毒豆芽、毒馒头、苏丹红鸭蛋到近年来的塑化剂白酒、皮鞋明胶等等，恶性食品安全事件触目惊心。

(2) 冷漠横行　丧尽天良

"忠、敬"道德观的缺失，尤其是"忠"德的缺失，表明了有相当一部分从业者放弃了"服务社会""服务人民"的职业宗旨。防线失守的直接结果就是一些人见利忘义，一切以利益得失为导向，为一己私利，弃基本人伦道德于不顾，心态冷漠，巧取豪夺，肆意侵害他人利益。在一个拥有五千年文明史的道德文明大国，"冷漠横行，丧尽天良"的失德丑行竟然屡见不鲜。在企业界，一些人为博取一己私利，不顾他人死活，假冒伪劣大行其道。尤其是涉及民生的衣食住行领域，失德现象层出不穷，搞得国人人心惶惶，谈虎色变。既毒化了民风民俗，败坏了道德环境，又破坏了社会稳定，并在世界范围内严重败坏了中国产品的声誉，严重打击了相关产业，其为害之烈，令人心惊。在社会成员之间，一些人为一己之私，唯利是图，毫无道义、人性泯灭。人情冷漠，见死不救，趁火打劫，敲诈勒索等等丑恶现象令人惊心，让人心寒。发生于广东佛山的"小悦悦事件"、发生于天津的"许云鹤案"对此作了最有力的注释和控诉。而代表社会道德高度的公务员职业道德同样无法让国人心安。陕西省安监局局长——表叔杨达才，面对人民群众几十条生命的死亡和重大财产损失，不以为意，恬然嬉笑，其对人民群众的冷漠让人民群众对我们的公务员尤其是具有领导职务的公务员产生了极为负面的认识，影响极为恶劣。部分领导干部的冷漠和恶行破坏了党纪国法，败坏了党和政府的形象，更是与党的群众路线背道而驰。

（3）庸懒散贪　公信尽失

"庸懒散贪"是从业者"忠、敬"道德观缺失的必然结果，是古今中外从业者职业道德缺失的固有表现。庸即平庸，是指从业者缺乏为民众服务的履职能力；懒即怠惰，是指从业者怀着一种厌倦情绪对待工作的状态，本质上是对岗位责任的一种逃避，是不想负责任和不负责任的表现；散即散漫，是指从业者漫不经心的工作态度；贪即贪腐，是指从业者过度的欲望和对欲望过度的追求以及一些人腐败的生活方式和行为。"庸懒散贪"的失德危害，虽然也涉及各行各业，但整体而言，公务员尤其是具有领导职务的公务员在这四个方面的失德危害最为恶劣，因为他们掌握着公权力，掌握大量社会资源，其道德行为具有指标和示范意义。在四个要素中，"庸懒散"反映的是职业能力、职业态度和职业作风，是"敬业、勤业、精业"意识的缺失。在我国公务员职业道德存在的问题中，这是一个长期问题，涉及面广泛，问题程度严重，不仅严重影响了行政效率，增加了行政成本，也损害了党和政府的形象，严重削弱了行政系统赖以有效行政的公信力。尤其是几十年的"打假"、屡犯众怒的"网吧管理"或是严重危害民生的"食品安全"和"公共安全"问题均是同一个问题在不同领域的反映，而其共同的一个不良后果就是同样严重削弱了党和政府的公信力，大大败坏了领导干部在人民群众中的形象。而"贪"反映的主要是"忠"德的缺失，更具有根本性。贪腐问题是现代社会的世界性顽疾，发展中国家是重灾区，我国也不例外。贪腐造成的危害具有更深刻的影响，它给国家造成的经济损失触目惊心。

3. 践行"忠、敬"的育德之路

从传统到现实，"忠于职守，敬业"的内涵日益丰富，理论日益完备，在我国经济社会发展中的地位和作用也日益提高。但现实中的种种"忠、敬"缺失乱象也严肃地给我们敲响了警钟，再优秀的传统，再完备的理论，如果不能服务于经济社会发展的现实，不能在实践中得到发扬光大，都将是苍白无力的。如何践行"忠、敬"道德观，开辟我国职业道德培训和教育的可行之路，就成为重要的研究课题。

（1）理想远大　信念坚定

理想、信念是我们耳熟能详的词汇，也是能从根本上影响人们道德素质修养的内在素质。理想，是人们对未来的预期和设想，是人们内心设定的未来目标；信念是自己认为可以确信的看法，是人们对理想等理论和事物有确定认识后所持的坚定不移的态度。

在中华传统文明中，我们的祖先早就有了建设"大同"社会的理想，《礼记·礼运》提出了"大道之行也，天下为公"的主张，就是要建立一个人尽其力、物尽其用，没有贫穷、没有私利的社会。中国共产党人的理想是实现共产主义，这是我们最崇高的追求和强大的精神支柱。理想是我们每个人的精神支柱，正是远大的共产主义理想，鼓舞和激励着一代代的共产党人，忠于职守，爱岗敬业，为国家、为民族甘愿抛头颅洒热血，为党和人民的事业呕心沥血。《曾国藩家书》中说："君子之立志也，有民胞物与之量，有内圣外王之业，而后不忝于父母之生，不愧为天地之完人。"显而易见，没有远大的理想，坚定的信念，就培育不出忠于职守、敬业的品德，就会诱发和催生贪污腐败。而要坚守伟大理想，就必须具有坚定的信念，坚忍不拔的意志品质。因此，可以说，强烈的目的性和远大的理想以及坚定不移的信念是任何从业者拥有坚强意志的起点，我们的坚强意志就是在确定理想之后，要求我们去克服困难、创造条件，从而最终实现理想的一种心理过程。而坚强的意志品质又是实现远大理想的保证。曾经有学生问大哲学家苏格拉底，怎样才能学到如他一样的博大精深的学问。苏格拉底听了并未直接作答，只是说："今天我们只学一件最简单也最容易的事，每个人尽量把胳膊往前甩，然后再尽量往后甩。"苏格拉底示范了一遍，接着说："从今天起，每天做 300 下，大家能做到吗？"学生们都笑了，这么简单的事有什么做不到的呢？过了一个月，苏格拉底问学生们"哪些人坚持了？"有九成的学生骄傲地举起了手。一年后，苏格拉底再一次问大家："请告诉我最简单的甩手动作还有谁坚持了？"这时只有一个人举起了手，这个人后来成了古希腊的大哲学家，他的名字就是柏拉图。可见远大的目标与坚强的意志品质之间有着多么紧密的联系。

（2）敏而好学　服务社会

"忠于职守，敬业"是古今中外概莫能外的职业道德观，是对从业者的基本要求。而从业者要真正满足"忠、敬"观的要求，更好地服务社会，就必须具有能够满足岗位需要的本领，这是践行"忠、敬"道德观的前提，没有真才实学，就不可能真正满足"忠、敬"道德观的要求。这就要求我们必须敏而好学，不耻下问，提高自身的知识、才能和业务素质。要实现这一目标，一方面，要有求学的精神。孔子说："朝闻道，夕死可矣。"（《论语・里仁》）深刻表达了对于学习和知识的渴求；唐代大书法家颜真卿劝人学习要抓紧抓早："三更灯火五更鸡，正是男儿读书时。黑发不知勤学早，白首方悔读书迟。"罗曼・罗兰说："成年人慢慢被时代淘汰的原因，不是年龄的增长，而是学习热忱的减退。"学习是我们每个人进步的阶梯，要有真才实学，就要有"朝闻道，夕死可矣"的求学精神，要有只争朝夕的紧迫感，更要有不能"以其昏昏，使人昭昭"的自知之明。否则，不仅不能成为一位合格的从业者，还会被社会所淘汰。

另一方面，要有求学的行为。知行合一是中华文明的优良传统，知易行难亦是中华文明对"知"与"行"辩证关系的清醒认知。从业者要实现具有高层次知识、才能和业务素质的目标，必须充分认识到学习的行为实践所具有的决定性意义。

（3）慎微严谨　兢兢业业

慎微即指慎重对待事物的细节或细小的事物，严谨即为严密、严肃、谨慎、周全之意；兢兢业业是形容做事谨慎而勤恳。"慎微严谨，兢兢业业"，就是重视细节和细小事物，做事严密、周全、勤恳。这是"忠于职守，敬业"的具体要求，尤其是敬业的具体化。一方面，道德修养要从小处做起，"勿以善小而不为，勿以恶小而为之"。无论是道德修养还是道德缺失，都有一个从量变到质变的过程。特别是公务人员或领导干部，必须强化自身的"防微杜渐"意识，不可因小失大，应了"温水效应"。

（4）以吏为师　以身作则

在中华传统美德发展史上，"忠"德一开始就是作为对"官"的规范被提出，在其后的发展过程中，虽然发展出更为丰富的内涵，但"忠"德对"官"的这一规范从未改变。孔子告诫当权者："子欲善，而民善矣！君子之德风，小人之德草。草上之风，必偃。""政者，正也。子帅以正，孰敢不正？"（《论语·颜渊》）孔子形象地用草与风的互动关系阐明了官德对民德的引领与示范作用，也对中国传统文化中百姓以吏（官）为师和官员要以身作则的基本道德传统做出了最经典、最传神的注解。而官员"忠、敬"道德观的缺失，必然会跳进"塔西佗陷阱"，在民众中失去公信力。从我国目前的职业道德现实考察，各行各业的职业道德问题成堆，人们感到不安，这与当下一些部门和官员的道德缺失有莫大的关联。因为，在一个具有高度重视"以吏为师"道德传统的国度里，官员的道德高度决定了整个社会的道德高度。在我国，民众的道德取向、集体偏好或学习榜样一直以来都是那些掌握权力的"官"或"吏"，亦即今天的公务员，特别是具有领导职务的公务员。正因为如此，"吏治则国治"就成为我国政治治理的最大特色之一。这决定了我国职业道德建设工程的一个不可回避也无法回避的关键环节，就是要抓住主要矛盾和矛盾的主要方面，要首先解决好公务员尤其是具有领导职务公务员的职业道德建设。

（七）包容

宽容和忍让能够换来最甜蜜的结果。生活中，冲突和争执在所难免，青少年要学会用和平的方式来处理。一位哲人曾经说过，错误在所难免，宽恕就是神圣。一个人经历过一次忍让，就会多一份宽阔的心胸。多一份宽容，就会多一个朋友，少一个敌人。"海纳百川，有容乃大"，青少年只有学会宽容，身边才能够充满知心朋友和良师。

1. 虚怀若谷，大度能容天下事

古语有云："海纳百川，有容乃大。"做人应当宽厚容人，不过于苛求他人，要善于容人之过，这样你的周围才会充满知心的朋友和良师。每个人的内心都是一半是天使，一半是魔鬼，优点与缺点共存，美丽与丑陋俱在。与人相交，要看好的方面，至于一些小节，诸如生活习惯之类，尽可能睁一只眼闭一只眼。

古语云："大度集群朋。"一个人若能有宽宏的度量，他的身边便会集结大群知心朋友。大度，表现为对人、对友能"求同存异"，不以自己的特殊个性或癖好待人。除此之外，大度还要能容忍朋友的过失，尤其是当朋友对自己犯有过失时，能不计前嫌，一如既往。

概括起来，大度容人主要可以分为以下几个方面：

（1）容人之长

人各有所长，取人之长补己之短，才能相互促进，事业才能发展。相反，有的人却十分嫉妒别人的长处，生怕同事和部属超过自己而想方设法进行压制，其实这种做法是很愚蠢的。

（2）容人之短

金无足赤，人无完人。人的短处是客观存在的，容不得别人的短处势必难以共事。

（3）容人个性

由于人们的社会出身、经历、文化程度和思想修养各不相同，所以人的性格各异。因此容人从根本上来说就是要接纳各种不同性格的人，这不仅是一种道德修养，也是一门艺术。从历史上看，许多领袖人物，都是善于团结各种不同性格的人共同工作的典范。

（4）容人之过

"人非圣贤，孰能无过。"历史上凡是有作为的伟人，多数都能容人之过。

（5）容人之功

别人有功劳，本应该为其感到高兴，但有的人心胸狭窄，生怕别人功劳大会对自己构成威胁。只有那些以国家、民族利益为重，胸怀开阔的人才能做到容人之功。

一个心胸开阔的人不会把时间花在一些小事情上。小事情会使人偏离自己本来的主要目标和重要事项。如果一个人对一件无足轻重的小事情做出反应——小题大做的反应——这种偏离就产生了。

作为普通人，我们不可能因为一件小事就引发一场战争，但我们可能会因小事而使周围的人不愉快。俗话说："宰相肚里能撑船。"如果我们每个人都能够常存宽容之心，不争无谓的小事情，那么我们的生活就会避免许多争执，我们生存的世界也会变得和谐。

我们不要抓住他人的错误或缺点不放，要学会给别人台阶下，要得饶人处且饶人，这样不仅会减少矛盾，也会提升自己的善良品质，进而会形成一种良好的社会风气。这种与人为善、悲悯众生的品德，正是人类生存所需要的美德。谁没有需要别人帮助的时候呢？从根本上说，谁又有资格装出主人的样子来审判和惩罚他人呢？谁没有偶尔疏忽或急中出错，需要别人宽恕的时候呢？如果你拘泥于这种低层次的偏执，则不仅会使他人尴尬难堪，悲从中生，也会让自己无端生仇，从天上降下个大灾难。从某种意义上来说，向善大于任何对错是非和人间法律。记住，不为难人，得饶人处且饶人，不仅对一般人，也包括那些与我们结有仇怨，甚至是怀有深仇大恨的人。

2. 化干戈为玉帛

宽容是消除仇恨的良方。对于心底宽容的人来说，没有什么不可以饶恕的。在你宽恕别人的同时，也会将自己内心的仇恨一并消除。

在日常生活中，经常会发生让自己不快的事情，我们往往会因为别人对自己的伤害心中满是惆怅，闷闷不乐，甚至气急败坏。其实，当我们在怨恨别人的同时，自己也沉浸在不快的情绪当中。受到伤害的，除了别人，还有我们自己，对自己也无益。要让自己快乐、充实，就要忘掉别人对自己的伤害，将心中的不满、愤恨统统抛弃掉，饶恕别人的同时，就是宽恕自己。宽容就是记着别人对自己的恩典，忘掉别人对自己的伤害。用爱和感激来代替仇恨，化解积怨。

（八）贡献

贡献可以让快乐加倍，忧伤减半。有时候，贡献并不意味着失去，独占也不意味着拥有，一个人只有懂得贡献，才能够从生活中获得更多；一个人只有懂得贡献，才能够真正地拥有幸福和快乐。自私和狭隘只会让一个人步入生命的低谷，如果一味地让自私和狭隘封闭自己，而不主动去和别人交往和贡献，那么我们永远也不会品尝到人生快乐的滋味。

1. 人不要太自私

很多时候，只想着自己的人，并不能如愿以偿得到他想得到的东西。相反，假如能够多为他人想想，拿出自己拥有的一部分与之贡献，结果却会大不相同。

自私和狭隘会阻碍我们与他人贡献，会让我们的生命也因此而步入低谷。我们只有摆脱内心的狭隘和私欲，主动地去施予，去贡献，才能够走出自私自利的小圈子，体会到贡献的快乐。

只有无私的心灵才会品尝到甘泉的甜美，给予、奉献不仅带给人幸福的体会，也会使自己快乐无比。

2. 贡献快乐获得幸福生活

贡献可以让快乐加倍，忧伤减半。20 世纪最有名的无神论者西道尔曾经说过："如果想在短暂的一生中寻找快乐，那必以他人为中心，为他人设想，将他人的快乐作为自己的最大快乐，当周围的人们都幸福快乐的时候，自己才能因此而感染到愉快。"

3. 贡献会让你的人生充满活力

英国戏剧作家萧伯纳说过："倘若你有一个苹果，我也有一个苹果，而我们彼此交换苹果，那么你和我仍然各有一个苹果。但是，倘若你有一种思想，我也有一种思想，而我们彼此交流这些思想，那么，我们每人将各有两种思想。"

把自己的东西主动拿给别人分享，这需要勇气，体现的是仁爱和宽容；而积极地分享别人的思想，则意味着尊重，体现的是民主和合作。

学会分享可以使我们学会关心他人，关心自己；欣赏他人，欣赏自己；有效地团结协作，交际磨合；注意权衡自己在群体中的地位和作用，处理好人际关系；及时地把自己的想法以适当的方式表达出来，走出封闭的自我，积极接纳别人的意见，能够与他人进行心灵的沟通。

许多国际性教育机构调查和研究认为，"学会贡献""学会交往""学会合作"已经是新世纪学习的显著特征。分享情绪的感受、内心的想法，分享学习和生活中的失败与成功的经验，把个人独立思考的成果转化为大家共有的成果，而且贡献可以同时以群体智慧来解决个别的问题、以群体智慧来探讨学习上遇到的困难和问题，这样又培养了人与人之间相互协作的精神，促进了大家的共同进步。所以说，学会贡献是人生一笔宝贵的财富，我们要学会贡献，这是一项特别的能力。

国内著名成功学专家黑幼龙先生认为，贡献是一个挖掘个人潜力的好方法。知名的"周哈里窗户理论"指出，每个人的内在都像一扇窗，分成四个方块。第一块是自己看得到、别人也看得到的；第二块是自己看得到、别人看不到的；第三块是别人看得到、自己却看不到；第四块则是自己和别人都没有发现的。和人分享的时候，第二块和第三块会愈来愈小，第一块则会愈来愈大，因为你会表达自己的想法，别人也会把他所看见的部分告诉你。

生活中那些进步较快的人有一个很重要的特点就是他们很喜欢跟别人分享，对自己有更多的了解，所以在面对困境时，他们也更容易找到解决方式。长时间下来，跟一个只会埋头苦干的人比起来，差别也愈来愈明显。

不管是公事或私事，许多好点子、好的做事方法、好的观念，都是透过真诚分享才获得的，光靠一个人绞尽脑汁，不会那么容易突破。

一个懂得贡献的人，生命就像加利利海的活水一样，丰沛而且充满活力。只有懂得与别人交流和分享，我们才能够在智慧和情感的分享中不断地提升与发展。

（九）友善

1. 友善的含义

友善心首先是处事诚敬。孔子讲"执事敬"，就是对待工作、事业郑重专一，尽心竭力，绝不懈怠疏忽。为什么要这样呢？因为个人所从事的事业本质上是社会工作的一部分。一个人处事时是否友善，表明了以一种什么样的态度为社会、国家效力。从这个意义上而言，友善实质上是对他人，对社会的尊重。从为社会服务这一角度出发，工作当然要有诚心，有敬业精神。恪尽职守，兢兢业业，既是承担社会责任，更是职业伦理要求。

其次是对人诚敬，也就是尊敬他人。不仅包括尊敬有身份地位的人，也包括那些没有高贵身份地位的人，还包括那些地位微卑的人。这才是对人的尊敬，而不只是对身份地位的尊敬。这就是孔子所讲的"与人忠"。那种对上阿谀奉承，卑躬屈膝，对下倨傲无礼，目中无人，正是缺乏道德的表现。传统美德主张对一切人，不分等级贵贱，一视同仁。《弟子规》中说："凡是人，皆须爱，天同覆，地同载。"就是说人与人之间皆须互相尊重，互相爱护，都要以礼相待。

最后是对己诚敬。孔子讲"居处恭"，就是对自己日常生活、言行举止要谨言慎行，规范得体。友善心来源于"慎独"之心，有没有人监督都一样。一个人如果想培养自己处事待人的友善心，首先必须从慎独开始做起。因此，在平时的生活起居中，要自重自省，自警自励，自爱自强。只有这样，才能慧中秀外，爱己敬人。

2. 正确认识友善的重要意义

作为一种个人道德修养的外在体现，友善既是人际关系和谐相处的重要法则，也是一个人不断提升自我素养的必要修为，也是改造中应当做到的自我要求。

（1）友善体现了个人道德修养的态度

友善心表现出来的是一个人的道德修养。这种态度和情感是一个人发自内心的自觉行为。友善与自卑是截然不同的，自卑感是一种觉得自己不如人的情绪体验。自卑的人在意志上萎靡消沉，凡事都往坏处想，看待问题消极，在人际关系上也表现为多疑，对自己没有信心。怀有友善心的人往往做人诚恳，敬重他人，做事郑重专一，具备一种积极的心态。通过两者的对比可以看出，友善是一个人具有良好的道德修养的品德。在人与人相处的过程中，一个具有友善心的人言谈举止都有谦谦君子之风，给人彬彬有礼的印象。

（2）友善是处理人际关系的重要法则

对人有友善之心，对方自然也会反馈给你尊重和礼让，人与人之间的关系就会融洽。有些人认为友善就是低人一等，是懦弱的表现，平时处事总是态度很强硬，认为这样很威风，一副张牙舞爪的样子。这种人，在处理人际关系时往往很不理性，一言不合，挥拳就上；三句未完，大打出手。这种一冲动起来就不计后果的人是非常不理性的。有些人自恃自己身体强壮而欺负弱小，有些人冲动不理智，激情上来了就忘乎所以，甚至为所欲为。殊不知，这样的处理方式都会给个人带来很严重的后果，不仅问题不能得到解决，还会为此付出沉重的代价。不少人走上犯罪道路就有这方面的因素。冲动并不是所谓的勇敢，对人友善才能处理好人与人之间的人际关系，有效地化解矛盾，这并不等同于懦弱。

（3）友善是实现自我提升的动力

一个人有了友善心，态度就会谦逊，会知不足，善于向别人学习，听取他人意见，力戒骄傲自满。怀有友善心的人才能虚心向他人学习，而不会只看到他人的缺点，更不会去关心别人的地位、资历、声望是否比自己差。一个人，只有虚怀若谷，多方求教，才能进步成长。所以说友善是一个人自我提升的不竭动力。友善不同于逃避。不能认为与人相处保持谦恭、礼让和尊重的态度就是逃避问题。这体现的是一种风度和胸襟。在遇到问题时能够更冷静和从容地处理。如果发现自己有错，心怀友善就会虚心接受他人的批评，认真听取别人意见。一个人，诚心接受批评，从谏如流，敢于改正，就会得到别人的忠告，不断成长。心怀友善的人在别人出错时绝不会得理不让人，更不会幸灾乐祸。历史上有名的"负荆请罪"故事中，廉颇认为自己的功劳比蔺相如要大，对自己的官职比蔺相如小很不服气。蔺相如获悉廉颇的怨言后，每次驾车上朝的路上看到的廉颇车驾，都会主动避让。廉颇很得意地认为这是自己的威望比蔺相如高，别人畏惧他。蔺相如的仆人很不理解，蔺相如就跟他们说："秦王我尚且不怕，难道怕廉颇吗？只是秦国之所以对赵国有所顾虑就是因为有我们两个人啊！如果两人相争，损失的是赵国。"廉颇听说后非常惭愧，认为自己确实不如蔺相如，亲自上门负荆请罪。从这个故事可以看出，谦恭的心态，并不代表逃避，而是一种自我提升的不竭动力。

（十）感恩

1. 感恩的含义

所谓感恩，《现代汉语词典》解释为"对别人所给的帮助表示感激"。

《说文解字》解释为："感，动人心也。从心感声。恩，惠也。从心因声。"所谓感恩意识，是指人们感激他人、他物、他事对自己所施予的恩惠并设法报答的心理要求。感恩是积极向上的人格和谦卑的态度，它是自发性的行为。当一个人懂得感恩时，便会将感恩化做一种充满爱意的行动，实践于生活中。一颗感恩的心，就是一个和平的种子。感恩不是简单的报恩，它是一种责任、自立、自尊和追求阳光人生的精神境界。感恩是一种处世哲学，感恩是一种生活智慧。思想改变了，态度就跟着改变；态度的改变，习惯就跟着改变；习惯的改变，性格就跟着改变；性格的改变，人生就跟着改变。

2. 正确认识感恩的重要意义

感恩精神体现在中华优秀传统美德的方方面面。孝悌忠信、礼义廉耻是传统美德的集中概括，但细加分析，就会发现，每一个德目都有感恩的内涵。一个人身从何来？怎样成长？远思祖宗先辈的传承，近思父母给我们生命，倾其所有培育我们，敬重祖先，报答父母的恩情是每个人的义务。生我养我是这块土地，哺我育我是我的祖国。祖国就是母亲，因此要尽忠报国。成语"礼尚往来"也具有感恩回报的意思。崇尚忠义、正义同样是一种感恩精神。"赵氏孤儿"的历史故事说的就是一个为了报答主人的恩情不惜牺牲自己的孩子，以此换取了赵家血脉的延续，并毕其一生心血养育赵氏孤儿成才。历史上"士为知己者死"的事例数不胜数，这就是一种为了报答知遇之恩不惜牺牲生命感恩的精神。廉耻这种美德也是感恩精神的体现。当官要知廉耻，对上为了报答国家的重托，自当感恩戴德；对下为了不辜负黎民百姓的奉养，自当竭力尽责。寡廉鲜耻就是忘恩负义，上负国君，下负苍生。感恩精神不仅体现在优秀道德情操中，在传统文化中更是深入到方方面面。"施人慎勿念，受施慎勿忘""滴水之恩，涌泉以报""投之以桃，报之以李""知恩报恩"都是耳熟能详的推崇感恩的名言警句，熏陶着一代又一代的中国人。

（十一）坚守

坚即意志坚强，坚忍不拔；守即持久，有耐性。坚守是指坚持不懈的、高频率地做自己认为有意义的事。坚守需要持之以恒，需要不断克服惰性，需要不停地为自己加油鼓劲。坚守的人始终走在别人前面，坚守的人无暇左顾右盼、无暇计较埋怨，坚守的人创造新的工作环境，引领新的生活方式，大家共同享有，从来没有想到过要"产权费"。小到一个家庭，大到一个国家，一个民族，其文明进步的程度都是勤劳人努力的结果。

台湾有一首耳熟能详的名歌——《蜗牛与黄鹂鸟》，歌中的蜗牛虽然并未成功，但它毕竟努力过了，和黄鹂鸟相比，它的历程要艰难许多，重重的体壳裹着蜗牛的身躯，每挪动一步都要付出艰辛，可蜗牛并没有轻言放弃，而是一步一步地往前爬，即使失败了，也得到了大家的尊敬。这首歌赞美的正是一种坚持不懈的精神。

努力过，就不是失败者。努力过，失败也是美丽的。在现实生活中，有些人一经失败就放弃了对人生理想的追求。失败是不可怕的，只要我们能振作起来，不放弃对人生理想的追求，做一只勤奋的蜗牛坚定向前，持之以恒，我们就是命运的主宰者，我们就是驶向胜利彼岸的船只。如果说失败是成功之母，那么，坚持就一定是成功之父。有两则故事可以为坚持不懈做一注脚。

相声语言大师侯宝林只上过三年小学，由于他勤奋好学，坚持不懈，使他的艺术水平达到了炉火纯青的程度，成为有名的语言专家。有一次，他为了买到自己想买的一部明代笑话书《谑浪》，跑遍了北京城所有的旧书摊也未能如愿。后来，他得知北京图书馆有这部书，就决定把书抄回来。适值冬日，他顶着狂风，冒着大雪，一连十八天都跑到图书馆里去抄书，一部十多万字的书，终于被他抄录到手。

数学家张广厚有一次看到了一篇关于亏值的论文，觉得对自己的研究工作有用处，就一遍又一遍地反复阅读。这篇论文共20多页，他反反复复地念了半年多。因为经常反复翻摸，洁白的书页上，留下一条明显的黑印。他的妻子对他开玩笑说，这哪叫念书啊，简直是吃书。

这两个简短的故事，虽是个案，但它阐释了一个普遍的哲理：业界名流都付出过艰辛；坚持不懈是一种意志，是一种态度；一项事业的成功，一个人的成功，源于坚持不懈。

职业农民不是轻易放弃传统的群体，虽然他们背井离乡寻找发展空间，但心中总是保有一种怀旧的习惯。无论是为了求生存、求发展，创造了神话般的辉煌，还是今天的农民工用自己坚忍的毅力塑造了良好的形象，他们始终不愿放弃家乡那种千年流淌的文化习惯。他们可以走出去，用脊梁承托生活的全部苦难，却不肯让自己的祖坟荒没在记忆的故乡，他们宁愿辛苦地"摆渡"在传统的故乡与现实的他乡之间，也不肯放弃这其中的任何一端。这种"摆渡"的人生，充分展现出农民灵魂深处那种坚守的精神。在当前承接产业转移的大环境下，他们渴望这种"摆渡"的灵魂得到团圆，坚守的精神在现代化中得到融合，将自己的勤劳与创意奉献给自己祖祖辈辈生息繁衍的故土，用自己的汗水与智慧创造出无愧于先人的业绩。

第八章 提升政治素养

第一节 政治素质、政治文明及与法治的关系

政治这个概念属于一个元概念，不同阶级与历史时代的政治家与学者都赋予其不同的含义。中国先秦诸子就使用过"政治"一词，《尚书·毕命》有"道洽政治，泽润生民"，《周礼·地官·遂人》有"掌其政治禁令"。但在更多的情况下是将"政"与"治"分开使用。"政"主要指国家的权力、制度、秩序和法令；"治"则主要指管理人民和教化人民，也指实现安定的状态等。近代孙中山先生也曾阐述过政治的概念。无产阶级革命导师马克思、恩格斯与列宁也曾经对政治概念进行过阐释。他们认为，政治是阶级斗争，故而提出一切斗争都是政治斗争；政治的基础是经济，经济基础的变化最终会引起政治的发展；政治就是参与国家事务，在参与中实现本阶级的政治与经济诉求。

近年来，美国政治学者戴维·艾普特提出"现代化政治"的概念，意指一个国家为了适应推进现代化的需要而采取的政治路线，包括可见的制度安排以及这些制度安排背后隐含的政治理念和思维方式。现代化政治也就是我们在现代化研究中的政治现代化。冯仕政先生探讨了中国的现代化进程与政治、法治的关系。他认为，现代化建设代表着人民群众最大的利益和最根本的利益，因而也是当前我们最大的政治。

人是政治的主体，那么人所具有的政治素质又是什么呢？

一般来讲，政治素质是指人们作为一个政治角色对自己所承担的政治义务和所享受的政治权利的理解、把握、反映和见诸行动等情况的总和，是人在政治生活中培养出来和必须具备的个体特质。

政治文明，是指人类社会政治生活的进步状态和政治发展取得的成果，主要包括政治制度和政治观念两个层面的内容。政治文明既是一种最终的状态，也是一个达成这种状态的过程。因此，我们说政治文明既是人类社会政治发展与演化过程中取得的全部成果，又是人类政治进化发展的具体进程。当然，政治文明也是一个历史发展着的概念，不同历史时期具有不同的表征与特点。但总体来看，政治文明具有自身的价值指向，那就是使人通过正确的政策设计使人们的美好的政治构想变为现实，并且充分享受到这种实现了的政治文明。政治文明的最终结果就是使人类社会从暴力、无序走向开明、和谐，具体来看就是从权力政治与垂直政治走向权利政治与平面政治。近代以来，人类政治生活的进步状态主要表现为民主建设、法治建设不断完善和进步的过程。

我们经常把法治与政治相提并论，是因为法治与国家的政治文明之间有着密切的关系，法治是政治文明的核心内容。法治是"法律的统治而非人的统治"的治国方略，还是"一种应当通过国家宪政安排使之得以实现的政治理想"，可见大凡谈到法治，如果我们只在法律或者是政治领域内探寻其内涵，那将是徒劳的。法治既是实现政治文明的重要途径，也是政治文明的主要体现。法律是国家制定和认可的行为规范，用以确认权利和义务与调整社会关系，是由国家强制力来保障实施的，具有明示、矫正及预防的作用，其目的就是使社会有序发展，最终体现为社会政治文明的进步。因此，法律是防止不文明政治行为、形成文明政治行为的根本保障。法治与政治文明是一种互为表里的关系。

社会的健康发展必须是物质文明、精神文明与政治文明协调有序发展，在短期内，三者之间不协调发展的现象可能会较多地存在，对社会的不良影响也未必立即显现，但是如果三者长期处于发展不协调状态，社会发展必定会出现无序动荡。物质文明、精神文明与政治文明三者中，后者不仅具有自身的发展范畴，还是前两个文明发展的重要保障。当今社会的政治文明就是要建设法治国家，通过法治建设推动政治文明的更大发展，可见政治文明是法治建设的精髓与灵魂，也是法治国家发展的政治目标。在此基础上，我们认为法治与政治文明之间的关系主要体现在以下几个方面。

第二节　农村培养现代政治意识的重要意义

随着传统社会向现代社会的转换，经济基础与物质形态都发生了很大改变，这势必影响上层建筑的变化。当前发生在中国的这场变革，是一次影响深入的多领域革命。我国社会经济的巨大发展已经彻底摧毁了传统的经济模式，这场影响广泛的变革也对政治文明提出更高的要求。政治文明的进步首先体现在现代政治意识的提高，对于中国这样的发展中国家来说，使数亿农民转变传统的那种盲从的、封闭的政治意识观念，树立起现代的、理性的、开放的政治意识，将是一项长期而艰巨的任务，这是时代发展的必然要求。

一、是建设社会主义民主政治的必然要求

建设新型的社会主义民主政治是我国改革开放和现代化建设的一项重要任务。社会的发展进步涉及两个维度：经济的与政治的，前者涉及经济基础，后者则涉及上层建筑。改革开放以来，我国经济获得飞速发展，取得了举世瞩目的成就。经济的巨大发展也必然对政治文明提出更高的要求。上层建筑只有

更好地适应经济基础的发展要求，才能够更好地解放生产力，推动社会政治经济的综合协调发展。

培养现代政治意识是建设社会主义民主政治的必然要求。建设社会主义民主政治的实质，就是要使人民群众能够积极充分地参与到社会政治经济发展中来，就是要将人民群众当家做主的权利落到实处，保证群众有公平均等的机会参与国家的发展，充分调动他们建设国家的积极性、主动性和创造性。发展社会主义民主政治是党始终不渝的奋斗目标，但是这又是一项极其艰巨的社会工程，需要调动整个社会的力量来共同推进该项工作的进行，它需要广大人民群众尤其是占中国人口主体的九亿农民大众的积极配合、支持与参与，占我国人口多数的农民群众是发展社会主义民主政治的主体。这就要求广大农民群众必须改变传统、陈旧的政治价值观念、政治认知、政治情感和政治态度，树立起现代政治意识，积极参与到社会主义民主政治建设中来。只有这样，中国的民主政治建设才能拥有合格的实践主体，广大人民群众才能真正发挥自己当家做主的作用，中国才能建构起一种新型的健全的新型政治文化，中国的政治体制改革和民主政治建设才能获得最终成功，从而大大推动农村社会经济的更大进步。事实证明，只有政治进步与经济发展共同协调发展，国家才能繁荣昌盛。

二、是建设农村社会主义精神文明与物质文明的关键

辩证唯物论认为，精神既能够反映物质，又能够反作用于物质。物质文明与精神文明建设也处于一种相辅相成、相互促进的动态系统之中，物质文明的发展为精神文明的进步提供物质支持与现实支撑，而精神文明的发展则为物质文明的发展提供了源源不断的精神动力，使物质文明的发展更具方向性与持续性。

我国在大力发展生产力，建设社会主义物质文明的同时，

还必须注意社会主义精神文明的建设，只有有效推动社会主义精神文明建设，我们才能形成良好的社会秩序与稳定有序的社会环境，社会整体才能获得大的发展。农村社区是我国社会主义精神文明建设的重点，农民占我国人口的大多数，只有农村地区的精神文明建设搞好了，才能从根本上带动我国社会的整体进步。

在农村精神文明建设过程中，使广大农民树立起现代政治意识，始终是其中最关键的环节。只有广大农民树立起现代政治意识，自觉地担当起主人翁的社会角色，坚定地走社会主义道路，认真履行对国家和集体应尽的义务，依法办事、维护社会稳定，努力地投身于农村现代化建设，农村的精神文明建设才能获得成功，农村的社会秩序才能得以根本好转，社会风气才能得以健康向上地发展。申延平认为中国农村政治的发展依赖于中国农村社会市场经济的不断完善与发展。因此，中国农民政治意识的提高不是一项单独的行动，而是依赖于农村物质文明的发展。

三、是提高农民政治素质的中心环节

在长期的封建社会历史上，广大农民处于社会最底层，被排斥在国家政治生活之外，在现实的政治经济结构下，他们的政治意识主要表现为一种"臣民"意识，胆小怕事、逆来顺受、唯命是从，缺乏现代公民社会所必需的"主体"意识，他们大都缺乏维护自身权利的意识与能力。新中国成立后，农民成为国家的主人，享有广泛的社会政治权利，但是由于多种历史因素的影响，广大农民缺乏应有的现代政治观念，还不能自发地行使当家做主的权利。没有现代政治意识就更无从谈起主动维护自身的政治权利，只有意识到自身的政治存在，才能够有意识成为一个现代"政治人"。因此，要提高农民的政治素质，必须使农民真正树立起现代政治意识，明确自身的政治权利，关

注自己的利益诉求，使他们成为独立自主的、具有独立判断能力和现代法律观念的人，使他们成为独立自主支配、抉择自身命运的、富于政治热情的现代公民。

农民要树立起现代政治意识，还有很多工作要做，周韬先生认为我们应该首先做好以下几个方面的工作。首先，对农民进行民主启蒙，提高农民的参政素质；其次，要加强农村思想政治工作，提高农民的思想道德素质；再次，加强农村普法工作和社会治安工作，增强农民的法制观念；最后，加强农村基层民主政治建设，搞好村民自治工作。可见，提高农民的政治意识，不仅要提高农民的政治觉悟，还要努力做好农村的法治工作。法治成为农民现代政治意识的主要内容与实现途径。

第三节　提高农民政治素质的途径

提高农民的现代政治素质涉及多项内容，主要包括提高农民的社会主义、集体主义、爱国主义意识；政治主体意识和政治参与意识；改革、开放、发展意识；民主意识、平等意识和公民意识；人权意识与法律意识，其中最为关键的就是要提高农民的现代政治意识。要使农民树立起现代政治意识，必须进行多方面的努力，要做到以下几点。

（1）加强社会主义民主教育，提高农民的参政意识与参政素质。毛泽东指出："我们的民主不是资产阶级的民主，而是人民民主，这就是无产阶级领导的、以工农联盟为基础的人民民主专政。"社会主义民主是在无产阶级领导人民群众推翻了剥削阶级的统治，建立了无产阶级专政后实现的。我国宪法保障人民享有当家做主的权利，同时国家也为社会主义民主的实现提供经济基础，这就是生产资料的社会主义公有制。社会主义民主是一个循序渐进的过程，涉及政治生活、经济生活、文化生活和社会生活的各个方面。农村社会的全面发展必须努力推进社会主义民主建设。发展社会主义民主是农村社会物质文明与精神文明建设的最根本保障，离开社会主义民主建设，农村社会的发展将失去方向与动力。农村进行社会主义民主教育离不开法制教育，要实现社会主义民主的制度化与法律化。社会主义民主政治是社会主义民主建设的重要内容，建设社会主义政治首先要提高农民的民主意识与参政意识，进而提高他们的参政素质。对于中国国民来说，民主是一件舶来品，自从五四运动至今，中国国民为享有真正民主付出了巨大代价，历史证明只有中国共产党才能领导人民实现真正民主。战争年代，广大中国老百姓为中国革命的成功付出了巨大牺牲，新中国成立以后，中国共产党把建设社会主义民主作为重要任务，其中社会主义民主政治的建设取得了瞩目成绩。尤其是改革开放以后，我国的社会主义民主政治得到切实发展，实践证明，在农村实行社会主义民主政治不仅是我国社会民主发展的必然要求，还是我国农村社会全面发展的必然选择。

　　成熟的社会需要成熟的公民，农村社会的良性健康发展离不开具有现代民主参政意识的农民的广泛参与。由于受封建传统思想观念影响，一些百姓认为政治那是君君臣臣的事，老百姓参与什么政治，弄不好是要遭祸害的。改革开放以来，农民的生产相对独立，能够支配自己的生产经营活动，因此他们都忙于现实中的生产活动，不愿意拿出更多时间参与那些对自己没有直接影响的社区政治活动。一些地区出现了村霸、村痞通过非正常手段当选村领导后，打压异己，中饱私囊，甚至搞家族式统治，这样使得村民厌恶政治，使得百姓减弱参与社区政治活动的热情。此外，中国农民习惯在权威庇佑下生活，独立意识较差，不太乐意抛头露面，对那些"敢为天下先"的社区精英人士，也往往嗤之以"出风头"。中国农村推行民主政治就是在这样的历史与现实的环境下艰难前行的，在这样的历史文化环境及制度等因素的综合影响下，我国农村的民主政治发展势必不是完善与成熟的。诸如，一些地区虽积极参与社区政治事务，却并非出于对现代民主政治的信仰与尊重，而是具有十足的功利目的，有的是出于一定的物质诱惑性而参与选举，还有的则是为了寻求个人利益最大化而参加选举，当这两种目的达成妥协时，往往就产生了贿选。这种不健康的民主实践极大地伤害了群众的政治热情，滥用了群众的政治信念。因此，在现阶段只有切实落实科学发展观，破除传统思想的束缚，深化社会主义民主政治教育，健全社会主义民主实践的相关制度，引导农民积极参与社区政治实践活动，才能从根本上提高农村居民的政治素质。

（2）加强农村政权建设与思想政治工作，提高农民的政治素质，塑造新时期的"政治人"。建设社会主义民主政治需要党的坚强领导与人民的广泛参与才能顺利完成。千百年来，统治阶级对农村地区的管理相对薄弱，政权建设相对滞后。新中国成立以后，在中国共产党的坚强领导下，农村地区相继建立起了基层的党政机构，将农村地区纳入全国政权的统一治理体系中来，这种变化具有深刻的历史意义。自此，农民的日常活动不再是为自己讨生活，而是与国家的发展紧密地联系起来。尽管我们建立了不同以往的政权制度，然而由于受到传统落后思想观念的影响，我们的政权建设在有些方面还需要进一步改进。要选拔那些政治素质过硬的优秀人才充实基层党政机构，通过他们的实际工作树立党的光辉形象，吸引更多的优秀人才团结到党的周围，使党这个最具战斗力的政治组织在农村地区焕发熠熠光彩，以保证农村发展的正确政治方向。选拔那些具有专业技术能力的人担任领导职务，他们利用一技之长为群众排忧解难，解决农业生产中的实际问题，为群众办实事，办真事。结合农村的实际情况，将对群众的思想政治工作在工作中落实，在生产中深化。思想政治工作要实现制度化、规范化，只有这样，提高农民的思想政治工作才能具有长久性。要对广大农民进行社会主义、爱国主义教育，引导他们学习邓小平理论及科学发展观等重要思想，使他们树立起新的世界观与人生观，把他们塑造成具有现代政治意识与思想政治觉悟的现代"政治人"，这势必大大推动农村各项事业的更大进步。

（3）加强农村基层民主建设，在实践过程中培养村民政治意识与政治觉悟。农村基层民主是适应我国新时期社会发展状况的一种新型乡村治理模式，是我国社会主义民主法制建设和政治体制改革的一项重要内容，也就是农村基层组织实行民主选举、民主决策、民主管理和民主监督及村务和政务公开，即"四个民主、两个公开"，是新时期农村经济体制改革推动的结果。农村基层民主的实质是以市场经济为基础，以整合新时期农村利益结构和权威结构为目标，按民主理念设计的具有现代意义的乡村民主制度。我国农村民主选举逐渐程序化、制度化，农民的政治参与意识增强，从实践情况来看，我国农村基层民主具有强大的生命力。

在新的历史时期，要切实推进我国农村地区的基层民主建设，既要注重实践，还要解决相关理论问题；既要注重宏观制度设计，还要考虑个体民主政治觉悟的提高。潘孝斌同志认为，要使农村基层民主能够获得更充分的发展，还应该做好以下六个方面的工作。一是进一步健全有关农村基层民主的相关法律制度和政策保障，加强中央对立法选举的指导，增强选举过程的可操作性，使法律、法规、政策融于一体。二是进一步推动全面直选方式，扩大农村直选范围，增强共同体的归属感和认同感。三是全面把握乡村关系，明确村委会和村党支部的工作要求，妥善解决乡村问题。四是继续开拓多种适合我国社会主义国情的农村基层民主实现形式，进一步创新和改造基层政权体制。五是进一步推动协商民主的发展，加强人民群众与基层政权对基层决策的合作协商，建立村务公开制度，保证民主监督。六是注重农民对民主自主意识的培养，加强村委会建设和干部民主政治素质的培养。

通过深入、切实、有效的农村基层民主建设，农民群众在民主政治的实践过程中既提高了自身的政治觉悟，又塑造了农村良好的政治氛围，使他们真真切切感受到了社会主义民主政治的巨大魅力，增强了他们践行社会主义民主政治的信念。

（4）增强农民的法制观念，在农村法治实践中提高农民的政治素质。政治与法律的界限是相对的，它们之间相互渗透，政治中包含着法律，法律中又渗透着政治。法律既从属于政治，又有相对独立性，法律作为独立的社会体系对政治又能够发挥有效的作用。因此，我们在建设农村政治文明的过程中，既要注重法治建设，还要通过法治建设来培养农村的政治文明。

随着时代的变迁，我国农村社会发生了很大改变，传统的社会控制思想及形式由于不能很好协调当前的社会关系逐渐式微。在农村地区，中华民族优秀传统文化由于受到全球化与市场经济的影响，也面临信仰危机。同时，农村居民的现代法律意识则比较淡薄，面临新的社会关系与利益诉求既不会采取传统方式去处理，也想不到求助于法律来解决，最终使自己蒙受损失。这样就连自己基本权益都不会保障的人，又怎能去参与建设社会主义民主政治呢？通过法治教育，提高法治观念，可以增强对社会主义民主政治的体验与情感。

法律是实现政治意志的重要途径与手段，对法律的信赖也就是对政治的信仰。当前农村地区各种利益诉求凸显，社会矛盾较多；黑、赌、毒现象也广泛存在，这些都需要运用法律来解决，最终形成良好的社会风气，这既是法律的胜利，更是政治文明发展的成果。

第九章　增强民主法制意识

新农村建设是一项系统工程，各个方面既相互促进又相互制约，培养农民民主法制意识对新农村建设是一个有力的支持。大力开展农民的民主法制教育，不仅是发展农村经济、推进农村各项事业改革的客观需要，同时也是保证新农村基层民主法治建设的基础。

第一节　民主意识

社会主义新农村建设的一项重要任务就是实现"管理民主"，这是新农村建设的政治保证，同时也体现了党和国家对农民群众参与各项事务管理的重视。要真正实现"管理民主"，最基础的工作也是首要的任务就是对农民进行民主意识教育。

所谓民主意识，主要是指公民为维护民主权利、保护合法利益而具有的自己当家做主，管理国家、集体和公共事务的思想观念。民主意识的有无以及强弱在很大程度上制约和决定着民主发展的实际水平。首先，培养农民民主意识是新农村建设的重要内容。社会主义新农村建设是涉及农村各个方面建设的一个系统工程，其中一个重要目标就是管理民主，即农民有平等的参与新农村建设的各项社会事务管理的权利。培养农民民主意识是社会主义民主政治建设的基础性工作，是社会主义新农村建设的重要内容。只有培养农民科学的民主意识，才能提高农民的综合素质，提高他们建设社会主义新农村的积极性，才能为新农村建设培养合格的人才。其次，培养农民民主意识是新农村建设的本质要求。建设社会主义新农村是新一代领导集体为解决农业、农村、农民问题，统筹城乡发展和全面建设小康社会而做出的重大战略举措，是全面贯彻科学发展观的必然要求。建设社会主义新农村的目的是为了改变落后的农村生产状况、提高人民的生活水平。社会主义新农村既是一种适应生产力发展的经济制度，同时又是一种人民群众当家做主的政治制度。我国大部分地区的农民参与社会管理事务的积极性不高，究其原因主要是缺乏民主意识。从新农村建设的本质要求上来看，必须加强农民民主意识的培养，不断提高和完善农村基层民主政治，推动新农村建设快速、均衡地发展。再次，培养农民民主意识有利于发挥农民的主体性。所谓主体性是指主体在与客体的关系中所表现出来的自觉能动性。马克思主义认为：主体是在实践中认识世界、改造世界的人，人的能动性、创造性就是人的主体性，它是在实践中形成的。新农村是农民自己的家园，农民是新农村建设的主体。只有农民民主意识的提高，才能最大程度发挥农民建设新农村的积极性与创造性。新农村建设需要新型农民，新型农民是新农村建设的主体，新型农民不仅是具备一定的知识和技能的人，而较高的民主意识也是新型农民所必须具备的特征之一。

因此，提高农民的民主意识，就要结合农村基层民主政治建设进行社会主义民主政治基本知识的普及教育。通过大力发展农村经济，发展农村的文化教育事业，完善农村的民主机制，使农民深刻地了解民主的内涵及进行民主参与的途径，进而有效表达自身的权益。具体来说：

一、发展农村经济

在我国现阶段，发展经济仍然是各项工作得以顺利进行的前提。只有经济发展了，民主权利的表达才有保障。总体来说，民主是属于上层建筑的意识形态，作为一种上层建筑归根结底要由经济基础来决定。和其他行业比较，农村经济还比较薄弱，这就制约着农民民主意识的提高。美国学者李普塞特说："一个国家越富有，它准许民主的可能性就越多。"由此可见，在坚定不移地发展农村经济的过程中，不断向农民普及民主管理的各项内容，以此提高农民的民主意识也尤为重要。具体来说：一是大力发展农村市场经济。市场经济是社会主义初级阶段正确的经济制度，它的充分发育成熟有助于社会财富的增加。李普塞特在《政治人》中表明：财富的增加有助于教育水平的提高，进而有助于人们民主意识的提高，从这个意义上讲，市场经济是民主意识产生的催化剂和物质保障。然而，目前在多数农村地区，农村市场还是一块待发的处女地。而有农村市场的地方，其发育还很不成熟，市场环境还很差，农民的市场意识还很淡漠，这都制约着农村经济的腾飞。所以，新农村建设中，各级政府要更新观念，站在发展农村经济全局的高度，学习市场经济的相关知识，积极引导农民走市场化道路。二是继续加大国家财政投入，这是新农村建设的经济保障。推动新农村建设，其目标和意义就是推动农村社会的现代化，这一过程既需要农村自身的建设，同时更需要农村以外的力量，也就是来自公共财政的力量去支持和加大农村建设。由于我国大部分农村地区自然环境较差，基础设施落后，这就急需要新农村建设硬件、软件的改善。三是建立和完善农村社会保障制度，以此来消除或降低农民的后顾之忧。自然风险和意外事故不可预知，而相对完善的农村社会保障体系就会激发农民的创新热情，不至于使他们在自然灾害面前陷入生活的绝境。所以，新农村建设中，建立健全农村土地耕地保护制度；完善农村宅基地制度；建立城乡统一的建设用地市场等对农民来讲尤为必要。

二、发展农村文化教育事业

掌握一定的科学文化知识是农民形成民主意识的必要条件。

然而，几千年形成的严格的上下尊卑有序的封建等级制度在农村仍然还很有市场，特别是对边远、落后的农村地区。每一个人总是生活在特定的历史文化中，而特定的文化总会潜移默化地影响着人的思想与行为。尽管封建等级的残余思想已经不是社会的主流思想，但是农民思想深处强烈的隶属观念、等级意识依然残存，这就在某种程度上窒息了农民民主意识的萌芽。新农村建设对加强农民教育则是提高农民运用民主权利的能力和素质的根本手段，是民主意识产生的前提和基础。正如列宁所说："不识字就不能有政治，不识字就只能有流言蜚语、传闻偏见，而没有政治。"所以，一个不识字或识字很少的人，是很难参与到民主中来并且很难具有民主意识的。而提高农民民主意识必须大力发展农村文化教育，即文化知识教育、农业生产基本技术技能教育和公民意识教育。一是要完善农村义务教育经费的投入与保障，实现真正意义上的义务教育。通过多年的努力，义务教育对普及基础知识教育、改变农村教育落后的状况做出了积极的贡献。二是加大对农村文化基础设施的投入。近年来，在各地政府的支持下，农村的办学条件有所改善，县、乡镇、村文化设施和文化活动场所建设明显加快，有的地方也构建起了农村公共文化服务网络。

三、完善农村的民主机制

村民自治制度所肩负的历史使命要求我们把民主选举、民主决策、民主管理和民主监督作为一个整体工程，建构系统的制度机制，以体现人民当家做主。农民只有真正当家做主，才能享有更多更切实的民主权利，农民的意愿才能得到充分尊重，农民的合法权益才能得到相应保障。新农村建设中，农民民主意识的提高最直接的表现就是政治参与。公民享有充分的政治参与机会和相应的民主权利是现代政治文明的重要标志之一。一个国家公民的政治参与程度和水平越高，这个国家的民主程度和政治发展程度就越高。然而，目前农村仍有不少村干部并不是由村民直接选举产生，而是由乡干部直接任命，农民直接选举村干部的地方则往往是走过场，搞形式主义；村务决策、村务管理公开、透明度不高，甚至很多涉及村民自身利益的事情不是由村民进行投票表决拿出意见，而是由少数村干部主观断定，以自己的利益为转移；村民监督更是徒有形式，无从保障。显而易见，我国农民民主参与的程度还很低，这种民主机制的缺失不仅制约了农民民主意识的培养，而且也违背了党和国家建设社会主义新农村的目标。因此，只有完善和健全农村各项民主机制，才能培养农民更多的民主意识，进而顺利推进新农村建设的进程。

第二节　法制意识

法律是现代社会一切正常生活的基础。它包括人们对法的本质和作用的看法，对现行法律法规的理解、要求和态度，对法律权利和义务的看法以及对人们的行为是否合法的评价，等等。在中国社会逐渐走向法制化的今天，法制系统要求公民按照现代的法律观念以及法制原则去行动。然而在广大农村，很多农民的行为处事还仅仅依据传统办事，这不仅影响着农民的思维方式，更是制约着农民的行为选择。主要表现在：

一、轻法惧诉，伦理情感思想至上

中国是一个有五千多年历史的文明古国，封建色彩的印记根深蒂固，带有浓厚封建色彩的"传统道德"在农村大有市场。封建礼教、宗族观念等依然是农民判断是非善恶的重要标准。"由于传统道德和风俗习惯在农村已有几千年的历史，在表现形式上与农民的素质水平、农村的现实环境相符合，农民更愿意接受其约束，而不习惯于服从法律。"尽管中国社会的变迁使得农村的物质生活水平不断在提高，但是农村社会基本的生活方式和人际关系等结构性特征并没有发生根本的变化。在这一相对独立的社会单元里，仍存在着各具特色的互动方式、社会关系、价值观念和行为习惯，再加上农民世世代代生活在同一地域，地域上的接近更是拉近了人们之间的情感认同。特别是当出现邻里纠纷等事情时，能协调解决的话就最好不诉诸法律。在他们的潜意识里，传统的道德伦理观念似乎比法律更切合实际，信守传统道德的农民更愿意相信伦理常情，因此，他们多是以人论事，而不是就事论事。再加上目前有关农村的立法多是管理性的规定，而授权性规定及切实保护农民利益的规定还不多，农民还难以从法律中直接看到自身的利益所在。"农民是最讲实际的，法律未能实在地给农民以正面的感受，因而也就不易赢得农民的信任和拥戴，加之司法中的漏洞放大了法律消极的效应，引发了农民对法律的一些不正确看法，这也妨碍了农民法律意识的提高。"由此可知，农民头脑中传统的法律意识仍然占据统治地位，权力、人情和民意超越法律之上，农民缺乏对现行法律的信仰。

二、法律认知较浅，人治思想严重

大多数农村地区，农民思想素质较低，因此，对法律的认知程度也较浅。多数农民在遇到纠纷时，很少采用法律的途径解决。这既有乡村社会的结构因素的影响，也有习俗和文化因素的作用，农民不了解也不愿意了解法律，他们依然信奉族外交涉、差序格局、爱有等差的农村社会处理问题的方式，万不得已农民一般不愿意正式法律介入他们的生活。尽管现代化和法制化在农村社会中的作用越来越明显，但农民依然与法律保持着较远的距离，在他们看来，法律很神圣，因此应该敬畏，而这种敬畏意识则源自于他们对法律的模糊、抽象认识。也就是说，法律与他们的生活相距甚远，或者高高在上，农民对法制系统采取的是敬而远之的态度。在某些情况下，农民对法律的理解可能与法律系统所期望的方式或格式化的方式不一致，甚至可能相冲突，这样也使得农民不愿意去接受法律原则。正是如此，农民不关心法律在自己的实际生活中能起多大作用，而所谓的刑法、民法、行政法等法规好像区别不大。而对于他们的行为，也是一切从自身利益出发，丝毫不会介意自己行为的正当性与合法性，更不会在出现民事纠纷或者行政纠纷的时候去起诉或者应诉。正是这种法律认知较浅，农民在农业生产和经营中经常会有一些小偷小摸的行为，甚至为了一己之利，而置集体利益于脑后，时常有意或无意地违反环境法，随意乱砍滥伐、污染环境、破坏生态平衡等，这一系列的无知行为打破了自然秩序，使农民赖以生存的生存资源遭到严重毁坏。然而在农村，这些行为似乎司空见惯，即使有农民认为这是不道德的，但是却并没有人去制止，因为他们觉得这与自己无关，是他人的事情。

三、被动受法，缺乏维权意识

农村社会发展过程中，因房屋宅基地纠纷、家庭婚姻的破产、医疗纠纷、打架致伤等矛盾、纠纷越来越多，而农民对此问题的解决往往诉诸私力救济或行政救济，而不是请求司法救济。在他们看来，法律尽管就在身边，但不是随手可得的工具，不能随时给他们提供利益的保护。他们宁可忍气吞声、自认倒霉，而不愿意主动去研究国家新颁布的与其利益相关的法律，因为他们最了解自身的处境，从这种无奈的处境中他们领悟到法律对自己是无助的，并且对他所遇到的法律问题也是鞭长莫及的。正因为如此，在新农村建设的过程中，农村基层党建工作薄弱，基层民主不健全，村干部变卖土地，吞噬国有资产，乡镇企业转制时造成大量国有资产流失等现象比比皆是，而农民往往视而不见听而不闻，至多发发牢骚，没有主动去维护自己利益。农民依然"习惯于用情感化、伦理化与道德化来建立人与人之间的社会关系,对于伦理道德以外的通过法去处理和协调人际关系、社会关系的做法不屑一顾。"在广大农村,农民不懂法、不知法、不用法的情况不仅给自己造成很大的经济损失,而且成为制约其成长为新型农民的一大障碍。

新农村建设能不能成功,农民法制意识的培养至关重要。法律取代传统,对农民进行法制教育势在必行。具体做法如下:

（一）加强对农民的普法教育

普法教育"不仅是一个乡土社会的地方性知识扩充（量的意义）与更新（质的意义）的过程,更是一个乡土社会的地方性知识回应国家灌输的法治知识形成新的社会规则的过程"。首先,根据农村的实际情况,加大民事、行政法律法规的宣传教育。随着社会、经济的迅速发展,农民活动涉及民事、行政法律法规的逐渐增多,所以,对农民的普法教育要转变观念,不能不分重点,应该根据农村实际情况的变化,及时调整法律宣传的内容,以确保农民在人身、财产等各个方面的正当权益不受侵犯。其次,要加强对农村干部的法律培训,提高农村干部的法律意识,增强农村干部的法治观念。通过对农村干部的法律培训,使其增强依法解决农村热点、难点的问题意识,提高普法工作的效率。通过建立健全符合新农村发展的村民自治章程和各项村级事务管理制度,使农村各项事业逐步走上规范化、法治化轨道,从而使农民群众切身感受到依法治理的实际效果,更加支持农村各项法律制度的推进与完善,使新农村建设在村党组织的领导下充满活力。最后,要组织开展"送法下乡"等活动,深入到农民群众中传播法律知识。当然,"送法下乡"活动除了选择农民群众最喜爱、最容易接受的宣教方式,诸如广播喇叭、黑板报、宣传栏等,使农民群众在潜移默化中提升法律意识,在寓教于乐中增强法制观念以外,更需要让法律贴近农民生活的实际需要,也就是法律系统在追求自身合理性的同时，还应追求现实的合理性，即法律原则、程序及由此产生的结果，与现实社会的基本期望要达到一定的均衡或者一致。如果法律背离了具体的生活实际，背离广大农民的实际需求，那么实现中国法制化的理想目标就是空中楼阁。当然，农村的普法教育要与农村的执法结合起来，要紧密结合农村的实际，让农民真正感觉到法律的震慑力和严肃性，而不是可有可无的游戏规则。总之，通过加强对农民的普法教育，使农民能正确地认识到法律在自己生活中的重要性，从而能够正确地运用法律，理性解决自己生产和生活中的各种矛盾。

（二）提高农民的法律意识

法律意识是人们关于法律现象的思想观点、知识和心理的总称。它一方面意味着公民能够发自内心的认同和尊重国家宪法和法律的权威，并以之为自己行为的准则，自觉遵守法律；另一方面，还意味着公民能从平等的观念出发，要求他人和各类公共机关也遵守法律的共同约定，在法律的范围内行事。法律意识的具备表明一个公民在正确处理自身与社会关系上的成熟。对于农民来讲，具备法律意识不仅仅停留在对道德和法律知识的简单记忆与背诵的层面上，而是应该将其真正内化为自己遵循的准则，这是农村法制秩序得以建立的基础。但是，在一定程度上，我国广大农村仍旧是血缘、亲情基础上的社会，农村习惯经常取代国家法律成为处理纠纷的标准，有人把这种现象归结为血缘关系基础上的"熟人社会"特征。因此，培养和提高农民的法律自觉意识，而不是把自己仅仅看作是装载法律知识的容器，那么农民就能告别陋习和愚昧，形成科学理性的处事方式。新农村建设中，这不仅体现了农民群众的愿望和要求，符合农民的根本利益，而且还能使农民群众把对乡规民约的遵循与国家法律有机结合起来。

（三）培养农民的法律习惯

农民法律习惯的缺乏不仅严重影响其法律意识的增强，而且影响其行为。事实上，农民往往依赖于各类权威的维权活动模式，而不选择现代法律裁决方式。"有邻里纠纷时，37.7％的村民选择找村干部解决或人民调解员解决，34％的村民选择找村里有威信的人解决，忍气吞声的人占22.6％，选择打官司的人仅占14.2％。"由此看出，司法在农民的纠纷解决方式中所占比例还较低，政府或人民调解员调解仍是农民解决纠纷的最主要方式。在新农村建设过程中，全面实行法治，将现代法律信仰、法治精神的培育作为重要环节，培养农民的法律习惯就成为重要的内容。培养农民的法律习惯，使农民借助法律制度维护权利、履行法定义务、实现自己的利益，是新农村建设中提高农民法律素质的重要任务。只有培养农民法律的习惯，农民才会变书本上的法为现实中的法，才会真正消除对农村法制的认知障碍，才会真正维护自己的合法权益，才会真正享受法律带来的实实在在的利益。当然，法律习惯的培养"不是依靠外在强制力的压制而形成的，它是一个自发的潜移默化的过程，或者说是在一系列日常社会活动、经验、感受之中而达到的皈依"。它必须在实际的法律运作过程中，在相关行为主体真切地感受到法律带给他们的实效，并对法律产生信任和依赖心理的过程中逐步成长起来，这是一个长期的、渐行变化的过程。只有农民在其长期的日常生产生活中一直都能感受到法律所带给他们的利益和权利，而不是法律的朝令夕改或因人而异等经常出现不稳定的情况，人们才能在长期的信任和信赖的心理作用下逐渐产生健康的法律意识，进而自觉遵从法律规范和维护法律秩序，养成法律习惯。

第三节 公民意识

公民意识是一个复杂的概念，它是指社会成员对公民资格及其价值的体认，对国家主体地位的确认，是现代社会成员对其公民角色及其价值理想的自觉反映。历史地来考察，公民意识是伴随着公民的产生而产生的。"公民"原本是西方文明的产物。"公民"一词最早出现在古希腊城邦，是身份和权利的象征。公民拥有平等的政治权利，踊跃投身于政治和社会生活，才能推动城邦的繁荣与和谐，因此在西方国家，"公民"首先是作为一个权利与义务相统一的范畴而出现的，它和"自由、平等、博爱"等精神联系在一起。

新农村建设中，农民只要首先成为社会之公民，才能谈得上公民意识的提高，否则，如果没有农民之公民意识的觉醒和公民观念的树立，很难想象新农村建设能够顺利进行。首先，农民之公民意识的树立有利于发挥农民在新农村建设中的主体力量。在新农村建设中，农民只有真正把新农村建设当作自己的事情，自觉、积极、主动地努力去做，新农村建设才会取得更大的进步。其次，农民之公民意识的培养有利于城乡协调发展。新中国成立以来，国家政策导向需要农业为工业的发展积累资金，在当时社会发展的历史条件下，这种政策的导向使农村为城市的繁荣做出了极大的贡献，总体上这有利于中国经济的复苏与发展。然而，这也拉大了城乡之间的差距，使城乡的发展出现了很大的不协调。因此，农民之公民意识的培养可以使农民正确看待政策的导向给农村经济的发展造成的"剥夺"，进而使农民正确地审视自己的利益并发挥其在新农村建设中的积极作用。最后，农民公民意识的树立有利于推动农村基层民主的发展。基层民主是我国民主制度的柱石。农村民主的状况极大地影响着我国民主政治的实现程度，农村基层民主的发展对于我国整体民主的推进的重要性不言而喻。正是因为两千多年经济的、政治的、文化的积习所导致的我国农民公民意识缺乏，农村基层民主发展到今日，依然在低水平徘徊，公民的民主监督权利、参政议政权利等全都在现有的政治体制下大打折扣。因此，加强农民的公民意识教育，激发其以饱满的热情参与新农村建设就十分必要。

　　具体来讲，社会主义新农村建设中对农民进行公民意识教育主要包括以下几个方面。

一、权利义务意识

　　权利义务意识是指公民对宪法和法律所规定的权利与义务的认同。从国家角度来讲，提高公民的权利义务意识，畅通政治参与的渠道，尊重和保障广大人民群众的根本利益，培养良好的公民权利义务与责任意识，是我们建设民主法治国家之必需。权利义务意识是农民主人翁精神产生的最基本基础，它是新农村建设不枯竭的动力源泉。马克思曾经指出："没有无义务的权利，也没有无权利的义务。"权利与义务从来都是对等的，因为没有义务的权利只能是特权，而没有权利的义务只能是奴役。新农村建设中，我们既应充分尊重农民的权益、需求、意愿与价值，凸显其真正享有宪法与法律规定的各项权利，也应强调其必须履行宪法与法律规定的各项义务。如果只是一味地享有权利而不承担义务，不仅有愧于公民的称号，而且也是对自己的不负责任，最终连自己该享有的权利都会失去保障。一个健康而有序的公民社会，不仅是一个凸显公民价值与权利的民主社会，更应该是一个倡导公民参与意识、责任意识的社会。长期以来，我国农民缺乏权利义务意识，这是多种因素综合作用的结果。作为国家来讲，并不是没有为农民留下伸张权利、承担义务的位置，而是农民本身的脆弱性以及民主法制意识的淡漠使其还不能自觉地意识到自己是国家权利义务主体的一部分，而不被意识到的权利义务，是助于农民实现当家做主的，无助于农民向公民的转变。因此，新农村建设中要着力培养提高农民的权利义务意识教育。

二、公共责任意识

人作为社会存在物，社会性规定了人的本质，因此，人扩大自己的生活领域，参与社会公共生活也是时代发展的必然。如果说男耕女织、自给自足的小农生产方式养育了封闭、自我的生活态度，那么现代社会呼唤的则是公民的公共责任意识。公共责任意识作为公民在公共生活中应该具备的基本责任，处理的是个人与群体之间的关系，它是一个社会进步与文明的体现。在新农村建设中，公民的公共责任意识就是指消除农民思想观念深处的偏见与自私性的一面，把集体的事情、公共的利益置于自身狭小的个体利益之上。"我为人人，人人为我"的公共责任取向只有真正内化为每个公民的实际行动，使之正确认识到自己只是集体的一分子，自己有理由承担对社会的责任与奉献，那么，这种参与、担当精神就是现代文明生活的价值和行为支撑，它能够调动农民的积极性并使农民参与到与本村有关的公共服务、共同事务的管理与建设之中。比如，新农村建设中，要实现"村容整洁"的目标，就首先需要改善农村的道路状况，合理规划村庄建设，而当这些与农民自身的利益有冲突时，自身狭隘的利益应该让渡集体，因为集体利益的实现有助于自身利益的实现。同时，农民的公共责任意识，也有助于对基层权力组织实行很好的监督，以对其错误行为进行纠正，进而使新农村建设走合法有序的道路。总之，只有明确了农民的责任意识，农民才能将自身融入公共生活中去，关心新农村建设，关心新农村建设的发展及未来并为之做出应有的贡献。反之，离开了公共责任意识，不管是经济的运行，政治的整合还是管理的决策等都会背离现代化的发展。

三、规则契约意识

规则契约意识不仅是规范社会秩序的需要，同时也是保障公民权利与自由的诉求。它既体现为民众对法律和各种公认准则的遵从，也体现为公民平等意识的觉醒，他们有要求各类公共机关也遵守法律的共同约定并在法律范围内行事的权利。从此意义上讲，规则契约意识是现代公民素质中不可或缺的组成部分，它也是中国农村从"无法"却有秩序的"礼治"社会向现代意义上的"法治"社会转型的基础。新农村建设中，大多数农民都能够遵纪守法，但乡风乡俗和"熟人社会"的运行逻辑依然影响着农民认识问题的角度以及对行为方式的选择。培养农民的规则契约意识，一方面，就是要使农民逐渐走出"熟人社会"与身份社会一种栖身于血缘关系、地缘关系和亲缘关系的非理性状态。当规则契约占据主导，人情关系处于从属地位时，农民才是社会之公民，整个社会才是一个理性的社会。另一方面，教育农民和基层精英对于违反规则者有进行批评与监督的权利。现代社会的发展，各种不同的规则可能在乡村中被运用，但同时基层政府或权利运用者根据利益的变化采取不同的形式处理事务时，违反规则与契约的情形就会时有发生。因此，农民规则契约意识的养成有助于农民很好地行使自己的权利，并通过合法手段和程序维护自身的权益；农民规则契约意识的养成也有助于他们对领导干部进行监督，对其错误行为进行纠正，以此推动现代公共规则在农民共同体中制度化的发展。

　　总之，通过对农民进行民主和法制教育，以先进的理论为指导，树立健康、积极、向上的社会主义新乡风、新民俗、新思想、新风尚，为社会主义新农村建设的发展营造了和谐良好的社会氛围。

第十章　强化责任意识

在公民社会中，公民必然承担着相应的责任，公民责任是塑造现代公民的首要前提，公民责任建设既能为公民道德建设奠定坚实的基础，也能为社会主义建设事业提供动力支持。新生代农民工作为公民社会中的重要群体，其责任意识的强弱与社会主义建设事业密切相关。

第一节　责任意识教育的理论阐述

责任意识是公民素质的必要方面。公民责任意识培育深受国家重视，公民责任意识的强弱与社会进步、国家发展息息相关。在新的历史时期，要实现中华民族伟大复兴的中国梦，就必须在深入认识公民责任意识教育内涵和目标的基础上，坚持依法治国和以德治国相结合，大力弘扬中华民族传统美德，全面增强公民责任意识。

一、公民责任意识的内涵

公民意识是在社会发展进程中逐渐形成的，表现为公民对自身社会地位、权利与义务、公民主体性的理性自觉。公民责任意识是公民对自己在社会公共生活中所要承担责任的合理认知和评价。公民责任意识是一种自觉的理性认识，包括两方面的内容：一是对公民所应承担的责任有明确认知和合理判断，二是对自身作为责任主体的合理性和必然性有深刻的认识。公民责任意识为公民主体的行为指明了方向，为公民履行责任提供了客观依据。

在不同国家、不同地域以及不同的社会发展阶段，公民责任意识的内容具有差异性。从普遍意义上来看，公民责任意识主要有国家责任意识、社会责任意识、自我责任意识和环境责任意识等多方面内容。国家责任意识是公民对于国家的归属感和认同感，是一种向心力。我国公民对于国家的归属感，是身为中华儿女的自豪感与荣誉感，以及由此而产生对祖国疆土的眷恋之情；对于国家的认同，是指拥有中华人民共和国国籍的公民对国家主权的认同，对保卫祖国和服务祖国的责任和义务的认同。国家责任意识是国家在保障公民权利、利益的同时，公民对国家尽忠并要承担相应职责义务的心理状态。爱国主义是国家责任意识的核心，是最高层次的国家责任意识的体现。个人的发展离不开社会，公民的所作所为应从社会的长远角度出发，站在人类社会整体利益的基础上，保障社会的良性运行和持续发展，这就是公民的社会责任意识。公民的社会责任意识要求公民具有集体主义的价值观念，反对以个人主义、实用利己主义等原则来破坏社会的良性运行和发展。自我责任意识是个人对"我要成为一个什么样的人"的自我认知和态度倾向，在这里就是指个人要对自己的生命、天赋才能以及家庭负责，要做身心和行为的主人，在自我与社会、国家、环境的关系中找到、找准自己的人生价值和社会定位。环境责任意识是公民对人与环境关系的主观反映，是公民对环境和环境保护的一种认识水平和认知程度，又是公民为环境保护而不断调整自身经济活动和社会行为以及调整人与自然关系的实践活动的自觉性。

从公民责任意识的内容上来看，各种责任意识体现出一定的层次性。公民责任意识是以自然环境为基础，以对自我与社会的责任为起点。公民的国家责任意识是以公民自身独立人格为基础的高层次的责任担当。公民作为社会和国家中的一员，要以承担个人责任为基础，超越狭隘的个人局限，通过参与社会活动展现自己的社会价值，并在社会活动中锻炼自我，提升自我，成长为人格健全、和谐而独立的人，在此基础上为社会进步和国家富强做出贡献。

二、公民责任意识教育的内涵

要促使公民成长为具有道德责任人格的公民，就必须全面进行责任意识教育。责任意识教育是有组织、有计划、有目的地对行为者进行以"责任"为核心的政治、思想和道德等多方面施加影响的教育过程，培育责任主体，增强行为主体对自身、社会、国家、环境的责任意识，最终形成责任意识和责任人格的过程。通过责任意识教育可以深化个体对道德责任的认知，提高其自由选择与责任承担的能力，使之能在人生的不同阶段、面对复杂多变的社会情景做出正确的道德判断。

公民责任意识教育指向作为社会基本行为主体的公民，意在使公民具备责任意识，使他们自觉承担责任，而对其进行有目的、有计划、有组织的教育过程。公民责任意识教育包括两个方面的内容：一是制定标准，即行为规范、行为准则以及办事原则；二是将这些规范、准则融入行为主体的意识中。通过标准的制定，使其能够自觉调整自身行为，同时能监督和评价其他行为主体做出的各种行为。

从本质上看，公民责任意识就是以教育的方式增强公民的责任意识，深化公民对个人、社会、国家的认知，使他们更加自觉、积极地承担公民责任。就公民责任意识教育的目标而言，公民责任意识教育就是围绕着"培养什么样的公民""公民的责任应当达到何种程度"等问题展开的并改进公民责任意识教育中的不足，从而达到预期要求。而回答"培养什么样的公民""公民的责任应当达到何种程度"等问题的核心就是培育公民责任意识。

意识是指对事物的认知、感知和理解。公民首先要意识到作为一名公民要承担相应的责任，在此基础上要明确自己所应承担的责任，进而可自由选择自己要承担的责任。从本质上说，公民对责任的自由选择，表明公民认同和接受了下一阶段的责任。公民责任意识教育第二阶段的目标是培养责任情感，情感就是感情、职责和使命。公民在承担责任的过程中要有激情、有动力，要把承担责任视为应尽的义务，特别是在没有法律制裁和社会谴责的约束下更要自觉承担责任。在完成公民责任意识和责任情感培育的目标后，公民责任意识第三阶段的目标是培育公民的责任意志，意志实际上也是担当、勇敢和坚持。公民在形成责任意识和责任情感的基础上，对责任的执着追求是公民的必备素质。公民要勇于承担责任，无论在什么条件下都不退缩、不逃避。公民责任意识第四阶段的目标是责任能力的获得。一名合格的公民要具备多方面的基本素质，公民责任能力的实质是对公共事务的关注以及公共精神的仰慕；集中体现为对公共事务的自觉参与，对公共利益的自觉维护；在日常的公共生活中，时刻关注公共福祉，自觉履行公共职责。公民责任能力的形成，是公民责任意识教育的最终目标，是实现公民责任意识教育目标的标志。

公民自主承担责任的前提是具有公民责任意识。培养责任公民，就是对公民进行责任意识、责任情感、责任意志、责任能力的教育。在进行新生代农民工责任意识教育过程中，既要引导新生代农民工形成责任意识，也要促使他们获得责任能力，以实现责任意识向责任行为的转化。

三、公民责任意识教育的目标

责任意识是每个共同体成员都应具备的素质，其形成有赖于责任意识教育的开展。责任意识教育要求人们形成良好的人格品质，旨在培养个体作为共同体中的一员对共同体的感情及其参与公共生活的能力。

（一）旨在引导个体形成对共同体的认同感与归属感

个体对共同体的认同感与归属感是其自我概念形成的基础，能让个体认识到"我是谁"，也有助于提升个体对共同体的满意度，进而产生对共同体的责任情感，责任意识便由此形成。

在公民责任意识教育中，一要使个体明确自己在所处国家或共同体中的位置，认识到自己是国家公民或共同体成员，并形成对自我身份的认同感。在明确自己属于国家或共同体一员时，个体就能够感受到共同体对自己的确认，感受到自身与其他成员之间的联系。个体在承认自己的公民身份时，就会理解包括自己在内的个体与共同体之间的密切联系，由此形成对共同体的认同感。二要加深个体对共同体的认知，使个体与他人建立合作与交流的关系，进而使他们在互动过程中产生积极情感。这种积极的责任情感首先表现为个体对社会现实的热情和关注，具有积极情感的人会主动关注身边的人和事，会持续关注国内外发生的大事，也能积极参与公共生活。个体对共同体的积极情感还表现为对当代危机的忧患意识和对人类社会的终极关怀。具有积极责任情感的人，能感受到现实危机，能对人类社会的发展保持深切关注，他们在关注社会现实的同时，也要深入思考当代社会人类生存的困境，并承担起自己对人类未来发展的责任。三要通过责任意识教育使公民自觉承认自己是国家或共同体的一分子，认可其他公民是自己的同胞，从心理上形成对国家和共同体的认同感，获得情感上的归属。在这种归属感的支持下，个体内心充满对国家和共同体的热爱，具有对同胞的关怀意识，并将做好与公共利益相关的事情视为自己的责任。

（二）旨在培养公民的参与意识和参与能力

对于国家和共同体而言，权利公民是一种冷漠的存在，这样的公民对公共生活持以消极态度。而责任公民是一种积极的存在，对共同体充满热爱与认可，他们对共同体的热爱也会融入维护公共利益的实际行动，会自觉参与公共实践。在参与公共实践的过程中，公民才能肯定自己，形成主人翁意识，发挥自我才能，共同推动共同体的发展。要引导个体履行自己作为公民的角色责任，就必须通过公民责任意识教育培养公民的参与意识和参与能力。

第一，公民首先要明白自己在做什么，自己的哪些行为属于公民参与行为。公民参与主要包括政治参与和社会参与，政治参与是指公民参与政治事务和参与治理，社会参与是指公民自愿参与那些完全由公民自发组织、自我管理的社区活动与非政府组织和社团。政治参与是对政治社会的参与，社会参与是对公民社会的参与。公民参与不同于其他行动要形成有效参与，公民就必须明白自己应该做什么和能够做什么。

第二，公民要对政治参与和社会参与行为产生认同感，承认自己是公民参与的主体，在此基础上不断提高自己的认知水平和参与能力，以增强政治参与和社会参与的有效性。公民的参与能力多种多样，如理解他人、同他人合作与交流的个体关系能力，以判断推理、理解批判为内容的个体分析能力，以解决问题、做出贡献为内容的个体成就能力。

第三，公民责任意识教育要引导公民主动参与到公共生活中，在公共领域中行动，增强自身责任行为的适应性。作为共同体中的一员，公民应在公共参与中合理运用自己的技能，提高自身的公民参与能力，承担起解决公共问题的公民责任。

四、公民责任意识教育的必要性

（一）是培育公民责任意识和责任能力的重要途径

好公民并非天生的，而是在社会环境和后天教育的双重作用下形成的。公民作为社会中的一员，必须明确自己的社会角色，适应自己的公民身份。对于自己生活的并被运作于其中的社会、法律以及政治体系，公民必须在深入理解的基础上遵从这些要求，主动适应现实社会。对此，教育起到了至关重要的作用。而公民责任作为公民角色的重要体现，公民责任意识的养成同样离不开教育。公民对于自己责任的认知、认同、理解和体会，公民能否具备责任意志和责任能力，公民素质的全面提升都要建立在教育的基础上。

（二）是构建社会主义和谐社会的必然需求

根据社群主义的逻辑，理想的社群应该是建立在公民友谊基础上的和谐社会。作为社群中的公民，他必须首先是一个责任公民。"民主法治、公平正义、诚信友爱、充满活力、安定有序、人与自然和谐相处"是我国社会主义和谐社会的六大特征。在社会主义和谐社会中，社会主义民主能够得到充分的发扬，依法治国方略得以贯彻执行，社会各领域、各群体的利益能够得到妥善协调，矛盾得以恰当处理，全体公民能够诚实守信、互帮互助、团结一致，社会秩序井然、人民安居乐业、生态良好、人与自然和谐共处。这正是社会主义和谐社会所追求的目标，而这一目标的实现离不开全体公民的共同努力。公民是否具备强烈的责任意识，公民能否充分认识到自己扮演的社会角色，都与国家发展密切相关。社会主义和谐社会的构建，需要公民的积极参与，需要公民对国家、社会、他人以及生态环境保持高度负责的态度。在当前实现中华民族伟大复兴的进程中，公民更要具备强烈的责任意识，为实现中国梦而贡献自己的力量。

（三）是防范和治理现代危机的必要方式

在构建社会主义和谐社会和实现中华民族伟大复兴的进程中，不可避免地存在诸多社会矛盾，我国社会的各个领域都存在一些不稳定的因素，这些不稳定因素是实现中华民族伟大复兴的重要阻碍。我国发展面临的现代危机，尤其受到公民责任意识强弱程度的影响，这是由于作为主体的公民是防范和治理现代危机的关键力量。现代社会中，包括安全意识、法律意识、环境保护意识等在内的公民责任意识存在缺失，这正是自然灾害、交通事故、公共卫生事件屡屡发生的重要影响因素之一。要避免灾害和事故的发生，既需要重要领导人物的科学决策和管理，同时也离不开广大人民群众的共同努力。可见，公民责任意识对于防范和治理现代危机意义重大。公民素质是一个国家综合国力的坚实后盾和重要体现，对于公民责任意识的培育，教育的关键性作用是不可撼动的。

第二节　农民责任意识教育的策略

优化新生代农民工责任意识教育策略，是培育新生代农民工责任意识的需要。在当前时代背景下，要积极转变新生代农民工责任意识教育理念，构建四位一体的新生代农民工责任意识教育网络，并且为新生代农民工责任意识教育提供法律保障，以促进新生代农民工责任意识教育的落实，有效培育新生代农民工的责任意识。

一、转变新生代农民工责任意识教育理念

转变教育理念是新生代农民工责任意识教育科学推进的前提。如果教育理念陈旧，责任意识教育的科学性和有效性就会大打折扣。因而要坚持理念先行，然后将先进理念融入教育行动中。

（一）树立现代的责任观

我国向来重视责任实践，但我国传统的责任观往往忽略个体需求，过于强调个体对社会和国家的责任，而忽视了社会对个体的责任，即个体的权利问题。在现代社会中，责任与权利是不可分割的。责任通常有两种类型：一种是超越的责任观，

即要求超越个人利益，强调无私奉献，要求责任主体做出的义善之举不以个人功名利益为动机，一旦掺杂了个人不可告人的思虑与打算就会玷污责任行为的纯洁性，使责任性质发生变化。在现实生活中，人们倡导见义勇为、公而忘私的善举，竭力维护道德规范的高尚与纯洁。社会中的确存在这样的人，他们的行为动机具有超功利性，值得他人敬仰和学习，但这种崇高的责任意识并不是每个人都能做到的。新生代农民工是生活于城市中的弱势群体，他们首先必须保障个人生活，维护个人利益，获得个人发展，这种超越的责任观应建立在个人利益得到满足的基础上。另一种是现实的责任观，即要求考虑到个体正当的利益需求，并不以超功利来衡量个体的道德品质，而是允许恰当的、合理的利益诉求。现实的责任观体现了现代社会市场经济行为的基本诉求，即尊重正当利益，尽管这些责任行为动机并非出于道德需要、道德兴趣和道德理想追求、道德信念，但却是符合社会外在的规范和制度要求，符合社会正义、公平的基本价值取向。现实的责任观是自爱与利他的统一。这种责任观符合"80后""90后"新生代农民工的个性特点与成长需求。新生代农民工来到城市谋生，他们所关注的社会问题往往是能对切身利益产生影响的问题，他们迫切希望这些社会问题得到解决，以维护自己的切身利益，使自己获得更大的发展空间。因此，对于新生代农民工而言，我们并不主张所有人都去追寻超功利的责任观，而是主张基于个人的正当利益原则，符合社会生活中现行的规范和正义。这不仅强调主体应该履行对他人、对社会的责任，更表现在行为主体或多或少的自我牺牲上，它要唤起的是人们对社会整体利益和幸福实现的责任意识。在主体高扬的时代，过多关注个人的发展和利益，缺乏的恰是对他人和社会的关照。在他人和社会需要时尽可能做出责任行为，既能维护自己的正当利益，也能体现对社会的责任。在责任意识教育中，要逐步提升新生代农民工的责任能力，进而提升其责任观，使他们的责任意识逐渐达到超功利的境界。培育新生代农民工现实的责任观，是当前责任意识教育的当务之急。

（二）树立人本主义的教育观

人的生命是身、心、灵相互联结、彼此依存并相互转化的统一体，其自身是一个不断内部循环的系统。同时，人的整个生命体又与外部世界、与他人发生联结，由此获得属于自己生命的独特感觉与经验。无论是从内部循环系统还是从外部联结的层面来看，人总是在某种关系中维持生命作为一个完整体顺畅运转、协调发展。因此，对于生命体的认识，既要关注自身的内部统一，也要涉及生命的内外部关系，关照人自身对生命内外关系的意识，包括觉知、感受、体验、反思等不同表现。在新生代农民工责任意识教育中，应该对新生代农民工的生命整体予以关注。关注新生代农民工的整体生命，就是关注其生活世界，关注他们在生活世界中面临的冲突与困惑，关注其烦恼和期待。对此，教育者应从教育目标的设定、教育内容的完善与优化、教育方法的选择出发，为新生代农民工营造有助于培育责任意识的情境，关注影响责任意识形成的重要事件与关键个人新生代农民工责任意识教育应体现"以人为本"的理念，在制度规范和人文关怀方面寻找结合点，重视与新生代农民工之间的情感联系，通过心灵上的沟通与交流来影响新生代农民工，这种人文关怀和人道主义立场对于增强责任意识教育的有效性意义重大。

（三）树立关系型的情感观

情感是在关系的"联结—回应"中逐渐积累并走向成熟的。新生代农民工的责任意识也是新生代农民工在自我、家庭、他人、集体、国家的关系联结中逐渐形成的。因而教育者应关注新生代农民工的情感状态，培养其有价值的情感品质。基于斯宾诺莎对情感的解释，我们可从正向/负向、积极/消极两个不同的维度来认识情绪状态，正向/负向表示情绪情感所带来的生理意义上的感受，积极/消极表示情绪情感对于人的长远发展的意义和作用特质。情感状态会对他人的行为选择产生影响，因而教育者应强化这种正向、积极的情感体验，而避免负向、消极的情感体验。对于新生代农民工责任意识而言，愉悦感和成就感是正向、积极的情感体验，而受挫感和羞耻感是负向、消极的情感体验，这种受挫感和羞耻感也能在某种程度上产生积极影响。在责任意识教育过程中，教育者要培育与呵护新生代农民工的愉悦感和成就感，这种积极感受是他们在履行应尽道德责任的基础上而产生的满意感和尊严感，能为稳固的情感体验的形成奠定基础，进而促进责任意识的生成和责任形成的落实。对于新生代农民工产生的受挫感和羞耻感，是他们未能很好履行应尽的道德职责而产生的一种否定性判断及其伴随的惭愧感和自责心理。教育者应及时反思并客观评价新生代农民工产生受挫感和羞耻感的缘由与过程，发挥这种情感的积极价值，引导新生代农民工树立信心，并以更好的道德责任投入到工作和生活中，使他们在履行责任的过程中逐渐产生荣誉感和成就感。

二、构建四位一体的新生代农民工责任意识教育网络

在创建学习型社会和建立全民终身教育体系的过程中，要关注公民责任意识教育，特别是新生代农民工这一特殊群体的责任意识教育。新生代农民工责任意识教育对于学习型社会的建设具有积极意义，其教育过程体现了公民终身都要进行学习的理念。新生代农民工责任意识教育能对其责任建构产生积极影响。构建家庭、学校、社会、大众传媒四位一体的新生代农民工责任意识教育网络，对培育新生代农民工的责任意识具有重要影响。虽然家庭、学校、社会、大众传媒各自的分管部门不同，承担的责任意识教育的时段不同，责任教育内容也存在

差异，但其教育目标具有一致性。

根据现代教育学的逻辑，进行责任意识教育最主要的场所是家庭。家庭环境的熏陶价值是不可估量的，父母及其周围人群的责任意识的强弱，对于子女品行的形成有着重大影响。在父母具有强烈责任意识的家庭中，孩子也会在潜移默化中受到责任意识的熏陶和感染。反之，如果父母或身边的亲戚朋友对他人、对社会不负责任，那么孩子也难以成长为具有高度责任感的公民。对于新生代农民工而言，家庭教育也是增强其责任意识不可或缺的一种教育方式，特别是父母应以身作则，成为孩子的榜样。在学校教育中，教育者往往拥有更扎实的知识和丰富的教学经验，有助于增强新生代农民工责任意识教育的系统性和科学性。新生代农民工也是城市建设的重要力量，其责任意识的强弱关系到城市的发展。因此，包括职业技术学校、夜校等也应参与到新生代农民工责任意识教育中。新生代农民工责任素质的高低能够反映出一个社会的道德风尚与精神面貌。长期以来，新生代农民工责任意识教育处于缺失状态，人们往往认为责任意识教育是家庭和学校的事情，而与社会无关。这是一种错误观点，它将社会教育与新生代农民工责任意识教育之间的关系割裂开来。新生代农民工责任意识教育的重要职能之一在确定新生代农民工在社会中所担负的角色，以及该角色所应承担的责任和义务。这种责任既包括新生代农民工对社会发展的责任，也包括对他人、对集体、对组织的责任。只有把负责精神灌输到社会的每一个角落，定位在整体国家经济建设的大局中，才能使新生代农民工产生强烈的荣誉感和责任感，才能使他们将自身与国家发展、社会进步联系起来。此外，大众传媒是新生代农民工责任意识教育的重要渠道。目前，大众传媒已经从单纯依靠财政拨款生存的事业单位变成自负盈亏、自我发展的经济实体。它兼有政治属性和经济属性。大众传媒在追求经济效益的同时，也要承担起社会公共职能和社会责任，积极追求社会效益。社会效益是指大众传媒在实现其社会功能的过程中对社会稳定和发展所起的作用。在大众传媒发展过程中，暴力、色情、媚俗等内容大量涌现，各种不良信息对人们的思想观念和行为方式产生了深刻影响。对此，应从完善新闻立法和加强媒体自律两方面出发，净化信息环境，为新生代农民工责任意识教育提供环境支持。同时，可在互联网平台设立针对新生代农民工的教育栏目，结合一些典型案例，对新生代农民工进行责任意识教育。

新生代农民工责任意识教育是一个持续的过程，应针对新生代农民工群体构建全方位、立体化的责任意识教育网络。从西方公民责任意识教育的实践经验来看，政府、家庭、学校、社群构成了一个网状的、立体的公民教育体系。针对新生代农民工的责任意识教育应以家庭为起点，以学校为主要教育机构，以社区为开展教育的媒介和场域，政府是新生代农民工责任意识教育的重要主体。在这样的新生代农民工责任意识教育体系下，每个新生代农民工被置于责任意识教育系统之中，有助于保持新生代农民工责任意识教育的全面覆盖性和持续性。因此，在我国新生代农民工责任意识教育实践中，要构建家庭、学校、社区、政府共同参与的教育网络，使各个部门充分发挥其责任意识教育的功能，让政府作为责任意识教育的引导者，积极发挥其主导作用，制定相关的政策、方针，调动各方力量，建立分工负责、齐抓共管的责任意识教育机制；家庭作为责任意识教育的起点，要对新生代农民工责任意识的发展起推动作用；学校作为责任意识教育的重要阵地，要发挥其责任意识教育的主要功效；社会要为新生代农民工责任意识的养成和实践提供场所；大众传媒要更好地发挥其传播媒介作用，倡导社会主义核心价值观，弘扬主旋律，以高品质的、具有健康格调和高尚品位的文化产品来满足新生代农民工的精神文化需求。只有责任意识教育的各个部门多管齐下，新生代农民工责任意识教育体系才会完善，才能真正发挥其各自功效，进而增强新生代农民工责任意识教育的实效性。

三、为新生代农民工责任意识教育提供法律保障

法治国家已经成为现代国家治理中主流的社会治理方式。近年来，我国的法治进程不断向前推进，已建立一系列法律法规。第一，宪法和法律是党的主张和人民意志的体现，是公民根本的行为准则。依法治国是党领导人民治理国家的基本方略，是我国建设社会主义法治国家的重要保障。第二，中国共产党是中国特色社会主义事业的领导核心，中国共产党科学执政、民主执政和依法执政的能力不断提升，中国共产党一直以来坚持遵循共产党执政规律，坚持和完善人民民主专政，领导立法，带头守法，保证执法，不断推进各项工作的法制化和规范化。第三，宪法是国家的根本大法，以宪法为统帅的，符合改革开放和现代化建设需要的、比较科学完备的中国特色社会主义法律体系基本形成。人权是一个国家公民享有的基本权利。生存权和发展权是首要的、基本的人权。国家在改善和发展人民生存权和发展权的同时，也要高度重视通过宪法和法律保障公民的基本权利和自由。第四，我国的社会主义市场经济体系不断健全，法治环境不断改善，法治理念不断更新。第五，政府行政机关和司法机关及其工作人员严格执法，公正司法，依法行政，执法为民，严厉打击一切违法犯罪活动，依法执政和公正司法的水平不断提高。第六，我国已经依据宪法以及其他法律法规，初步建立起全面的、相互制约、相互协调的行政监督体系，促使监督合力与实效性明显增强。法治进程的加快对于包括新生代农民工在内的公民责任意识的形成起到了积极推动作用。公民责任意识产生的前提在于法治保障下的公民主体意识的萌发，新生代农民工作为社会的主体力量要成为社会生活、公共领域的积极参与者，无法脱离法律法规的支持和保障。新

生代农民工在社会生活的参与中，法律法规已成为其责任实践的依据和保障。

从法律层面上看，公民是根据我国宪法和法律规定享受权利和承担义务的人。公民的基本权利为选举权和被选举权。同时，公民依法享有参与国家政治生活，充分表达自己意愿的自由权和监督权。权利与义务、责任是不可分割的，公民在享受权利的同时也必须履行义务和承担责任。对于新生代农民工而言，他们必须维护国家统一和民族团结，遵纪守法，自觉维护国家安全和国家利益，这是我国全体公民应履行的政治性义务。新生代农民工既是权利主体，也是义务主体，他们享有权利，也需要履行义务，履行义务是享有权利的前提。新生代农民工的责任意识必须坚持权利与义务相统一的原则。新生代农民工在具备权利意识、享有各项权利的同时也要自觉履行义务，形成责任意识，承担起对自身、对他人、对集体和国家的责任。

我国社会是社会主义法治社会，法治之国要求每个社会成员遵纪守法，依法办事，坚持权益保护与责任承担相统一。我国社会主义市场经济是法律保障下的经济体制。新生代农民工既要依法行使自己在政治、经济、文化、社会生活等各个方面的权利，也要履行应尽的义务，承担自己的社会责任。法律制度的完善对于市场主体的行为起到规范与调整作用，也对新生代农民工的责任承担产生约束力量。新生代农民工责任意识的形成和责任行为的产生，离不开法律法规的保障。因此，在我国发展过程中，要不断完善法律法规，对公民的权利与义务做出更加明确的规定，促使新生代农民工树立责任意识，使他们在法律允许的范围内享受权利、承担责任。

参考文献

1. 戴乐军，夏又平. 农民素养与现代生活. 石家庄：河北科学技术出版社，2019.

2. 黄哲. 新型职业农民素质养成. 北京：团结出版社，2019.

3. 重庆市农业广播电视学校. 新型职业农民综合素质读本. 北京：中国农业大学出版社，2018.

4. 齐亚菲. 新型农民素质提升读本. 北京：中国建材工业出版社，2017.